善生
有幸

改變人生的
108道力量

陳亦純 編集

《善生有幸》

序文

/

　　從 2020 年到 2022 年年初，疫情讓五億人罹患，超過 620 萬人的身故，民生凋敝、鎖國、相互敵視、疫苗爭奪、政客趁機斂財，各國爾虞我詐，這是歷史大事，這一代人刻骨銘心的記憶。

　　古人有云：大疫三年，但臺灣現在既看不到盡頭，指揮官陳時中和臺北市長柯文哲都說，臺灣罹患疫情的人數將會高達數百萬。

　　又加上 2022 年 2 月開始的俄國和烏克蘭的戰爭，死傷已經數萬人，逃難人口也有千萬，這真是人間浩劫。

　　吾人該當深思，所謂事出必有因，如果人類還不能反省，還是一昧的貪、瞋、癡、慢、疑，這就有失冥冥之間的警惕。

　　前些時間，一位朋友講了一段他自己遇到的真實經過。

　　他還小時，要上學，須走過村莊小路，路口一宅，獨居老人日夜慘叫，但無人幫忙解救。

　　他回去告訴祖母，祖母問清是哪一戶時，居然說：「惡有惡報，鬼魂來索命了！」

原來是這老人，曾在日子還不平靜時，以地方的公職人員身分，舉發多戶人家之男主人有違抗政府之事，因而無辜被槍斃多人，害得多少孤寡悽慘無依，經過多年，報應終來到，拖了相當長的一段時間，老人折騰到瘦骨嶙峋過世才告結束。

　　類似如此的故事，趁疫情無法隨意外出的這段日子裡，我從各類書籍中看到的因果和警示文章整理後，逐篇在「人間福報」連載，這些文章大都是流傳已久或各類書籍有記錄的故事，而當中的主人翁甚多是有名有姓。

　　希望這些文章對無明民眾或擔任公職身負重責，卻矇害民眾的官吏可以警覺。

　　一鼓作氣的整理，居然剛好是 108 篇，是否上天的旨意。

　　感謝玄奘出版社的慧眼，要將此書讓更多民眾能看到，期望這些善意，集結成讓民眾展傳的天地之音。希望疫情快快過去，民眾的慌恐減低，回復到過去安康平和的日子。

第一章

助人是最大的善行

第二章

福 份 是 累 世 積 來 的

第三章

做別人生命中的貴人

第四章

你還是要做善事

第五章

遺蔭庇護子孫

第六章

你頭上有靈光嗎

第 一 章

助 人 是 最 大 的 善 行

01 / 命裡的錢是有定數的

　　川資縣的張御史巡察雲南時，某一天，三更半夜，忽然有一位穿著赤色官袍的神人出現在他面前，說：「我是您的守錢神，等待您很久了！」

　　張御史問他：「我的錢財在哪裡？」

　　神人指著座位下面，張御史果然看見白金鋪地，數目有一千兩。

　　張御史告訴守錢神說：「這麼多金子，我怎麼拿得動，您能把它們送到我家嗎？」

　　守錢神回答：「不難！只要把籍貫和地址寫在紙條焚化就行了。」

　　張御史就寫了一張字條給他，並且用火焚化。神人也就隱身不見了。

　　不久，張御史回朝廷覆命，在京城遇到一位朋友拜託他出任某一官職，張御史雖然同意，但是向他索取二百兩金子。

　　後來，張御史返鄉回家後，夜晚又祈禱神人，守錢神來

　了，但只給他八百兩金子。

　　張御史問守錢神：「不是一千兩嗎？為什麼少了二百兩？」

　　守錢神回答：「你向朋友強索的銀子，豈不是二百兩嗎？」

　　張御史聽了大吃一驚，慚愧低頭不已。

　　命裡的錢是有定數的！你在某邊多要了，就會在另一邊失去！或者得到不該得的，會折你的福份！

　　該是你的，但你分享給貧困之人，你的錢不但不會少，上天會因為你的發心程度高低，補給你或加倍給你。

02 / 善行動鬼神

　　這是一個流傳於臺灣嘉義民間的故事。

　　清朝時有一名叫徐良泗的乞丐，因腳扭曲不能行走，四處爬行乞討為生。

　　一日他看到一婦人買檳榔時錢袋掉落，徐良泗叫她，但婦人匆忙離去未能聽到。

　　他數一數袋中有白銀三十七兩，這是大筆錢，於是在原地等婦人回來找，果然沒多久婦人回來四處尋找，並焦急萬分的向旁人哭訴：她的丈夫犯法被監禁，她賣了小孩得款四十兩，三兩給介紹人，三十七兩要打通關節，並順便買檳榔要孝敬衙役，因心亂如麻而致錢袋失落。

　　徐良泗將錢原封未動送還婦人，並叫她趕快去辦事為要。

　　當晚，徐良泗宿於現在的民權路地藏王廟裡，但整晚發出慘叫聲，廟祝早晨去查看，驚覺徐良泗的腳已經直了，可以自行走路了。

　　廟祝問原因。徐良泗說：昨夜夢見兩神靈，拼命拉他的

　　腳，痛苦難堪所以慘叫，但痛苦過後，發現居然腳變直可以走路了，真是想不到。

　　身體好了之後，不用當乞丐，換當雜工挑水謀生。

　　一日徐良泗挑水往那婦人的先生林登璋店中，被婦人認出是恩人。

　　因為當時若沒那筆錢，丈夫無法救，小孩也沒了，婦人準備自盡，但因為徐良泗的拾金不昧，救了他們全家。

　　其夫邀他一同經商，並在返回大陸時把財產全部留給他，但徐良泗不願接受，後來老年時將一切產業、田地悉數贈與福德廟。

　　徐良泗雖為乞丐卻不貪財，義舉動天，奇蹟般的醫好了他的殘疾。

　　這樁事件向人們說明：因果報應之理一定不虛，好人一定有好報！

03 / 天理昭彰，絲毫不爽

　　這是一件發生在民國初年的故事，有一位住在上海的退休大官員程先生剛過世，他太太念夫心切，聽到一位法國法師會召喚鬼魂，趕緊請他過來升壇召請。可是弄了老半天，鬼無法調上來，法國法師說：這位程先生很難找，在陰間找了半天沒找到，後來看他在地獄裡，但怎麼叫他都叫不出來！

　　程太太非常的生氣，說道：「你這洋鬼子騙人，我丈夫一輩子做好事，不升天堂就夠冤枉了，怎麼會下地獄呢？你是不是故意矇我。」

　　洋法師因為不能拿出證據來辯駁，但實在氣不過，道：「你說我矇你，好啦，如果你們知道哪裡有身故的人，我可以把他找來，洗刷你們對我的不信任。」

　　剛好程先生大兒子在窯子裡面死了沒幾天，旁邊就有人對大兒子的媳婦說，請他把大少爺找來吧！

　　兩方講好，洋法師再登壇作法，這次很快，鬼魂調來了，先在桌子下面哭了一陣子。

　　大媳婦問：「你是某人嗎？」

「是的！沒有錯！」

「你在陰間怎麼樣了？」

「因為我剛死不久，還未受拘禁，過幾天一點名，就要收監了，我在世的時候，花天酒地，不做正經事，造了很多孽，很對不起你，請你們多作功德，多行善事。我的一件衣服裡，有一張支票，你們可以到銀行取出來，家裡的事，請你好好照顧。」

家人趕緊去找那件衣服，果然有一張支票，這時候，旁邊的人又把他的小孩抱過來，故意問他這孩子是誰，鬼魂立即說：「孩子，你要好好聽媽媽的話！」此時，全家人都哭成一團。突然間，大媳婦想到，剛才要找老爺的事情，問他：「老爺為什麼不來呢？」

鬼魂說：「他已經到地獄去了！」

在旁邊的程太太說：「你父親一輩子做好事，蓋廟、造橋、施茶捨藥，怎麼還得下地獄呢？」

鬼魂對程太太說：「我問過他了，原來我父親當年在北

京做官時，一年山西鬧饑荒，皇上派他到山西辦賑災，但國家發的六十萬兩銀子父親貪污，大部份進入私囊，因此死了成千上萬的人，後來朝廷派其他官員調查，我父親給他幾萬兩賄賂，就把這件事給掩飾了。因為罪孽太大，所以到陰間沒幾天，就轉到地獄了。」

程太太說：「你父親一輩子做的善事也不少啊，就是有罪也應該將功折罪，不至於下地獄吧！」

鬼魂說：「他的功勞固然有，可是抵不過他的罪，他所欠的這麼多人的命，還要由他來補償啊！」

這件事當年轟動一時，還在報刊登載過。

這應該給現代貪贓枉法還洋洋自得，以為有靠山而不能自我反省之官員們很大的警示吧！

04 / 范仲淹興學積德

范仲淹在宋朝做了幾 10 年的高官,生活非常節儉,得到他幫助的人是難以計數。

年老時,他在蘇州買了一所「南園」,打算在那裡頤養天年,一天一位風水先生對他說:此屋風水極佳,後代必出公卿。

他一想,如果真的是這樣子的話,只有自己一家人享用,有什麼用呢?應該讓大家共同享用,多出一些人才為國家做事才好。於是他把「南園」貢獻出來,改建為學堂,讓蘇州的弟子在那裡讀書,後來蘇州果真人才輩出。

范仲淹還說過,我每天晚上就寢的時候,必定會計算一下,今天國家給我的俸祿,和我今天所做的事情是不是相稱,如果相稱的話我就能夠安心的入睡,如果不相稱的話就會感到慚愧和羞恥,這個晚上不能安眠。

「先天下之憂而憂,後天下之樂而樂。」是他在〈岳陽樓記〉裡面所留下的兩句名言!

自古很多官商有富不過三代的說法。但是范仲淹的家族，子孫興盛了八百多年，後代高官宰相學者輩出，直到現在仍是興旺，這是祖上有德之故，比較如今的很多官宦，不懼天地，不怕陰德，讓人不禁唏噓！

　　范仲淹還有一件軼事，年輕時極貧窮，他在寺院讀書時曾經發現地下有金子而不願取。

　　後來，他當了宰相，有人求他出錢建造寺院，他想到寺院地下有金子，應該可挖出來應用，沒想到金子卻不見了，只有一張紙條，上面詳細寫著他歷任官職的薪餉和收入，跟金子的數量完全相同。

　　由此可知，貪婪和廉潔的人所能獲得錢財，都無法超過命中份內應得的數目。清廉的人較遲得到手，貪婪的人較快得到手。他們所得的錢財和原來一樣，只是造罪和福德有天壤之別罷了。

　　看到一些無恥貪婪之徒，吃相難看，又不顧慮人命，不是不報，時機未到而已！

05 / 生靈在反撲

　　一位出家僧人他在未出家前是獵人，專門捕捉旱獺，有一次，他一出門就抓到一隻大旱獺，剖下毛皮後，就把尚未斷氣的旱獺藏在草叢裡。傍晚時，獵人回到原來的地方，卻遍尋不著這隻旱獺。

　　再仔細察看，才發現草地上依稀沾著血跡，一直延伸到附近小洞穴。獵人探頭往洞裡瞧，不禁大吃一驚！

　　原來這隻旱獺忍著脫皮之痛，掙扎回到自己的窩。為什麼這麼做呢？

　　獵人拖出這隻早已氣絕的旱獺時，才發覺有兩隻尚未睜眼的小旱獺，正緊緊吸吮著死去母親乾癟的乳頭。

　　獵人看到這一幕時，身心受到極大的震撼，他沒有想到動物會有這種連人都做不到的母子人倫之情，臨死還想著給自己的孩子餵奶，怕自己的孩子餓了。

　　想到這裡，這位獵人不由得心生悲泣，痛哭流涕，慚愧的無地自容。

　　於是，他放下了屠刀，不再當獵戶，出家修行去了。

每當這位已經出家的僧人回憶起這段往事，眼中還是會泛起淚光。

　　飲食的目的是為了果腹。可是我們的味覺，由入口到咽喉，只有十數公分，過了咽喉，就什麼都感覺不出來了。我們卻為了這十數公分的感受，殘殺甚多的生靈！

　　全球現在災難不斷，旱災、水災、地震、缺水、缺電、缺油，加上戰禍不斷，難道這不是報應嗎？

06 / 為惡千年仍受報

所謂善有善報，惡有惡報。不是不報，時候未到！

漢獻帝時，曹操為丞相，但專權跋扈，欺壓皇帝，連皇后都殺，心裡盤算如何讓曹氏為王，誰知曹丕不肖，曹操過世還沒入殮，他的侍妾通通被兒子據為己有，這可為現世報。

還不只如此，民國初年印光法師曾經講過一段有關曹操的事情，經歷一千四百多年，清朝乾隆年間，江蘇蘇州有人殺豬破肚之後，豬肝豬肺拿出來時，居然在肝肺上面有「曹操」兩個字，剛好旁邊有一個人看到，嚇壞了，知道這隻豬是曹操歷經多世的懲處後再投胎來的。

他覺悟人生有因果存在，不可欺天，於是出家為僧，法號「佛安」，這事情在《淨土聖賢錄》裡面有記載。

因此奉勸那些費盡心機，謀財害命之人，莫道人不知，時間一到，陽間、陰間之報是無法逃脫得了的！

07 / 救蟻得福

宋朝時，有宋郊和宋祁兩兄弟，同時在太學讀書。

有一僧人看到他兩兄弟的相貌說：「弟弟會考取第一名，哥哥也會得中。」

後來會考結束後，那師父又見到兄弟倆，向哥哥宋郊說：「你好像救活了好幾百萬條的生命！」

宋郊說：「我是一個窮書生，哪有能力救這麼多性命？」

師父說：「哪怕是微小的蟲類也有生命的。」

宋郊想了一下子說：「我想起來了，有一天下大雨，螞蟻的巢穴被暴雨所浸；我用竹子編了一個竹橋救牠們，難道您指的是這件事嗎？」

僧人說：「這就對了！這一次考試令弟會考中狀元，但現在你卻不會輸給他了。」

後來放榜時，弟弟宋祁果然考中狀元。可是皇太后說：「小弟不應排在兄長的前面。」於是就把宋郊改為第一名，而把宋祁調到第十名。這時候宋郊才相信那位師父所說的話，

一點都沒有差錯。

　　諸君不要以為宋郊只不過救了一些螞蟻，怎麼有這麼大
的果報？

　　其實，中狀元只不過是他現世得到的一點小報酬而已，
將來那數百萬生命的感恩圖報，力量更是大得驚人！

08 / 助人是最大的善行

　　明武宗正德初年，安徽商人王善到四十歲還沒有兒子。

　　一位相師說：「你不但會沒有兒子，而且到了十月，更會有大災難。」

　　他甚為驚慌，急忙趕至蘇州收取貨款後再回家。

　　當時正值河水猛漲，不能行船，暫住客店。晚上他到河邊去散步，看見一個少婦投河自盡，他立馬大聲呼叫：「誰能救起這婦人，我出二十兩銀子。」

　　船夫紛紛去救，終於把少婦救了起來。

　　王善問少婦為什麼要尋短見，少婦回答：「我丈夫外出做工，我在家中養了一頭豬，準備用來償還田租。昨天把豬賣了，不料收的錢全是假銀。既怕丈夫回來責罵我，加上家中貧困，不想活了，因此便投河自尋短見。」王善非常同情她，問她一頭豬值多少錢後，便給了她雙倍的錢。

　　少婦回家時，在路上遇到丈夫，哭著把這件事告訴了他。丈夫非常懷疑，心想兩人是否有什麼私情，否則怎會有如此

好心之人。夫妻倆一起到旅店去找王善，想問究竟是何因。

到旅店時，王善已經關門睡覺了。丈夫叫妻子敲門。

王善問是誰，回答說：「我是今天投河的那個女人，特來致謝。」

王善厲聲說：「你是個少婦，我是個孤身的外鄉人，晚上怎麼能隨便見面呢？快快回去！如果一定要來，明天早晨與你丈夫一同來。」

丈夫的疑惑一下子便消除了，誠懇地說：「我們夫婦都在這裡。」王善便披上衣服起來。當他剛剛走出房門時，只聽房中「轟」地一聲。他們驚慌地一看。原來店房的後牆因久雨而倒塌，床鋪已被壓得粉碎。

這時如果他不起床，肯定要被壓死。

王善在回家的路上，又遇到那個看相高人。他見到王善驚奇地說：「你滿臉陰德相，一定是做了有大陰德的事情。不僅免除了災難，而且將獲得不可限量的福報。」

後來王善一連生了十一個兒子，其中有兩人登第，王善活到九十八歲才去世。

　　現在有些人，尤其是和民生福祉有關之人。自認聰明，覺得一切事情都在自己算計中，費盡心機，不該得的錢財不擇一切去謀取。

　　因緣果報，不是不報，時間未到，愈是和蒼生有關之事，愈是要謹慎！

09 / 一飲一啄皆有定數

　　唐德宗貞元，萬年縣的捕賊官李公，正準備和朋友在官亭子裡喝酒吃魚。偶然間來了一個人，停留在亭子邊，冷眼旁觀。有人問他作何事？

　　他說：「我能知道人們每天吃什麼飯。」

　　李公說：「你看今天的魚，座位中的人有吃不著的嗎？」

　　那人笑著說：「唯獨您吃不著。」

　　李公生氣地說：「我是主人，我安排的酒菜，哪有吃不著的道理！你如果說對了，送給你五千文錢。如果是胡說，我會處罰，請大家作證。」

　　於是李公催促快做菜，剛剛做好，忽然有人騎馬來報：「京兆尹召見！」李公只好上馬快走，李公怕回來得晚，告訴客人們現在就吃，否則菜就涼了。又告訴廚師，給他留兩碟魚，以破那人的預言。

　　過了很長一段時間，李公才騎馬回來。大家已經吃完了，只剩下留下的兩碟魚，李公脫去外衣坐下，拿起筷子就罵那

人胡說。可那個人不動聲色，還笑著搖搖頭。

李公說：「魚就在我面前，你還敢搖頭。事先可已經約定了，我要懲罰你！」

話沒說完，亭子上好幾尺見方的泥土忽然掉下，器皿被砸得粉碎，剩下的兩碟魚已混雜在泥土中。

李公很驚異，問廚師還有魚嗎？回答說：「沒有了。」

於是李公鄭重向那位奇人致意，給了他五千文錢。

俗語說，吃多少，用多少，凡夫俗子很難擺脫註定的命運！天地之間，人很弱小，貪心何益呢？

10 / 行善改命的案例

　　明朝時一少年貧困，當地命相師還說他很快就會身亡，他難過的要放棄到京城趕考，朋友王生勸他同往，說算命的不一定準，我知道你沒有錢，我給你十兩安家，路上費用我來出，少年只好跟他往京城。

　　到了金陵，在承恩寺見有一位相師被大家團團圍住，因為鐵口直斷。大家都問此次考試功名，他說王生此科無名，一見少年，即說你五日後身亡。

　　王生和他都驚訝，居然和家鄉命相師講的一樣，命相師還說，若五日後還活著，我以後就不再擺攤算命。

　　少年沮喪的要離開王生，以免讓他受累，王生再送他十兩放身上，因怕他半途身故，總要有錢讓人替他辦後事，少年拜謝離去。

　　少年搭船，江中大風雨，前四天船不能動，第五天，少年認為最後一天了，乾脆下船走走，突然看到一位少婦哭著帶三子往江邊走，追問是何因，少婦回答賣豬得十兩假銀，

丈夫狠毒，回去會被打死，不如攜子共赴黃泉，少年說銀子我看看，趁機調包以真換假。

　　他對少婦說，這是真的，店家他們都看錯了。再請銀樓鑑定，果是真銀，少婦高興而歸。

　　天黑趕不上船，在一古廟一角沉睡，夢中聽到有帝君升堂，問說今日有讀書人在江邊救了五人，他功名如何？

　　衙役回，此人即將被倒塌的屋簷壓死。

　　帝君說：作了這麼大的好事，還被壓死，誰還要作好事，讓他離開，再給他好的功名。

　　衙役再說：他能作好事是王生給他銀子，是否也給王生功名。帝君同意。

　　此時少年突然聽到屋簷有聲響，旁人大叫：快跑！他立刻倉皇而出，屋簷倒下。

　　隔天起來一看，是帝君廟，拜謝離開，再回京城赴考，眾人見他無事，起鬨要找相士理論。相士看到他大驚：怎麼

你的面相變了，你救了很多人！你不但沒事，還會高考得中。

少年對王生說，相士真乃神人也，把始末告知，還感謝王兄之十兩銀子讓他能幫助婦人一家。

王生說，這是你的善心，你能將所有的錢助人是不容易的事。

科考放榜，兩人真的都上榜。

這故事告訴我們，救人一命勝造七級浮屠，何況一次救了這麼多人！

現代很多惡吏，為了利益害死很多性命，自以為無人知曉，殊不知，未來會得到什麼樣的懲罰！

11 / 動物有靈

　　民國初年，在臺灣中部的山上，一戶人家剛娶媳婦後拜祖先，一隻山鹿被獵狗追逃到神桌下，沒多久，獵人也追來，要把山鹿帶回去。

　　新娘說這隻鹿跟我們家一定有緣，不然為什麼跑到我們家逃生，我們一定要救他，可是獵人不肯，除非給二十塊銀元。

　　婆婆一聽這麼高的價錢，面有難色，跟媳婦說，我們辦喜事才花十五塊，其中四塊還是借來的，實在是沒有這錢。

　　新娘說，只要二老同意，我的陪嫁正好是十五元，公婆見她心意已決，只好同意。

　　獵人得到銀子離去，新娘從神桌下召出山鹿，安慰牠，讓牠離開，這消息傳開，鄰居們都取笑新娘，娘家更是責備她，但新娘並不在意。

　　過了兩年，家中新生的小寶寶已經滿周歲，一天大家正在忙碌著，小孩子獨自放在童車裡，突然山鹿闖了進來，用

鹿角挑起童車向外跑，家人急忙地追趕出來，追了一段路之後，突然之間，一聲巨響，回頭一看，屋子後面的高山崩塌，房子已被壓在下面了。

　　原來山鹿為了報答救命之恩，藉著偷小孩，引誘他們逃出來。

12 / 讓一步海闊天空

　　清乾隆年間，揚州有個才子叫柳敬亭，十九歲，遵從父命，進京趕考。

　　考試這天，柳敬亭被分在天字九號房，從白天考到晚上，考生通宵奮筆疾書。

　　考卷最後一題是對聯。柳敬亭看了上聯，心中不由微微一顫，上聯是：「炭黑火紅灰似雪」。這七個字含有三種顏色、一樣事物，真是少有的奇聯。

　　這時夜已深了，倦意襲來，他伏桌睡著了。夢中，有人拍了拍柳敬亭的肩膀。他睜眼一看，面前站著一位鬚髮皆白的老者。

　　老者看他的答卷，說道：「年輕人，你這文章有諸多不妥之處啊！」

　　柳敬亭見老者仙風道骨，知是飽學之士，忙應道：「請老先生指教。」

　　老者把他答卷中，不當之處指了出來，並提出怎麼修改。

柳敬亭大服，忙問道：「學生請教老先生名諱？」

老者答道：「老夫叫浪依離。你那最後一聯可曾對出？」

柳敬亭說：「學生才疏學淺，窮盡心力，還是無言以對。」

老者說：「此聯堪稱絕妙，但尚不至於無句可對。你家中可有田地？」

柳敬亭答道：「有良田三百畝。」

老者又問道：「秋種何物？」

柳敬亭笑道：「麥子啊。」

老者笑道：「這不就對了嗎？麥子是何顏色？磨出來的麩皮和麵呢？」

柳敬亭何等聰明，聞聽此言，立即一拍桌子站了起來，興奮地說：「學生明白了。」

夢中醒來，身邊空無一人，原來是黃粱一夢，趕緊顫抖著提起筆對道：「麥黃麩赤麵如霜」。

會試結束，三天後，主考官晉見乾隆皇帝，奉上三張考卷。

乾隆皇帝在養心殿，仔細閱覽了三張考卷，意將一位才子秦起雲點為狀元，柳敬亭點為榜眼。他拿起御筆。此時秦起雲的試卷，放在龍案左邊，柳敬亭的居中；乾隆皇帝持筆，越過柳敬亭試卷，目及卷上對聯，心中微微一動，暗道：這對聯可真是，鬼斧神工啊！就在這一念之間，飽蘸硃砂的御筆，落下一滴硃砂，正巧落在柳敬亭三個字上面。

　　乾隆皇帝不由苦笑道：「天意，文章不及秦起雲，造化難比柳敬亭啊！這狀元可是天定啊！」

　　喜訊傳到揚州，柳家張燈結綵，地方官和各鄉紳，紛紛前來道賀。

　　柳敬亭回到家，將夢中之事講給家人，祖父柳若謙慨然道：「應是祖上積德，蔭及子孫啊！」

　　秋去春來，轉眼一年過去了，柳敬亭回京城赴命。

　　到了農忙時節，柳若謙來到自家農田。當他看到地中間一座無碑墳墓時，心中微微一嘆。原來這墳中埋著一位寒儒，

一生貧困潦倒；死後家人無處安葬，夜裡將屍體下葬於此地。柳若謙知道後，並未責怪他們，反而拿出銀兩，讓他們謀生去了。此後每到農忙春耕之時，柳若謙總要犁地人靠兩邊犁，唯恐傷及墳墓。天長日久，竟留出一片空地來。

當下人今年又問道：「老太爺，今年……」

柳若謙想也沒想，仍像往年一樣隨口答道：「讓一犁吧。」話剛出口，他猛然醒悟了，所謂「浪依離」者，竟然是「讓一犁」啊！

柳若謙忙命下人，備了香燭紙馬，親自焚香叩拜，又遣人制一石碑立於墳前，上書「恩公浪依離之墓」。

柳若謙善念，讓一犁，竟「讓」出一個狀元。

這真是「行善積德，福蔭子孫！現代很多人心無神明之念，行惡積過，恐遭現世之報！」不可不慎啊！

13 /　是奇蹟還是印證

是奇蹟，是命中註定，還是印證？

2021 年 4 月花蓮太魯閣號火車事件漏網新聞，原先新聞報導罹難人數是 50 位，何以後來修正為 49 位？

原來有位年輕的女士，要在清明過後結婚，在家鄉花蓮，辦桌宴請 50 桌，全部是葷食！但在有宗教信仰的長輩規勸，告知因果的嚴重性，因為這一批生靈的刀兵劫，惡緣都要算在新人之上，經過反覆思考之後，她決定將 50 桌葷席，全部改成素筵！

當這位準新娘，在清明連假，準備回鄉掃墓，順便辦理婚禮時，訂的火車票，就是 4 月 2 日臺鐵 408 次，太魯閣號第八車廂。她的未婚夫，本來沒有跟她同行回花蓮，但就在她要回去的前一天，因為聽到 50 桌的酒席，全部改成素筵，突然對她說：「乾脆我載妳回去，不用坐火車了！」後來，太魯閣號發生撞擊事件後，這位準新娘才知道自己逃過了這一劫！

　　原先新聞報導罹難人數是 50 位，卻只找到 49 位的大體，因為花東人訂票是實名制，當臺鐵找到她時，她想到自己忘了辦理退票！才讓人誤解為 50 位。

　　最後，罹難人數修正為 49 位。

　　這是不是因為一念之善，心念改變業力，避開了災禍！

14 / 發財的秘密

　　年三十晚上，米店一家人圍爐，老掌櫃一高興，出了個題目問大家：「孩子們啊，誰猜得出我們家發財的奧秘？」

　　大家七嘴八舌，有的說老天爺保佑，有的說老掌櫃管理有方，有的說米店的位置好，也有的說全家人齊心合力。

　　老掌櫃哈哈一笑說：「呵呵，你們說的都不對。咱靠什麼發的財？咱靠咱們家的秤。咱們家的秤十五兩半一斤，每賣一斤米就少付半兩，每天賣幾百幾千斤就多賺幾百幾千個錢，日積月累咱就發財了。」兒孫們一聽，都驚訝得張大嘴，大家只能順著恭維，老掌櫃得到恭維，更是得意！

　　這時候，四媳婦從座位上慢慢地站起來，對老掌櫃說：「爹，我有一件事情要告訴您，在沒告訴爹之前，希望您老人家答應原諒我的過失。」

　　老掌櫃點點頭。四媳婦說：「爹，我把平時的秤早就調整過，每賣一斤米我就多給別人半兩。爹說得對，咱們發財是靠的秤，但是我們的秤每天多給人家半兩，顧客就知道咱

48

們做買賣很實在，就願意多買咱們的米，所以咱們的生意就越來越興旺。儘管每一斤米少賺了一點利潤，可是賣得多了利就大了，咱們靠的是薄利多銷發的財啊。」

老掌櫃不相信這是真的，馬上拿過秤來校一下，果然每斤十六兩半。老掌櫃呆住了，不講話，慢慢地走進了自己的臥室。

第二天吃過年初一的早飯，老掌櫃把全家人召集在一起，從腰帶解下他的賬本說：「我老了，不中用了，我昨晚琢磨了一個晚上，決定從今天起，我把掌櫃讓給老四的媳婦，往後咱們都聽她的。」

有些人做生意是偷斤減兩，以假混真，雖賺錢，但東窗事發，被唾棄、被稱為奸商。另一種人做生意，唯恐有失誤，戰戰兢兢，用心經營，還將所得利潤分享同仁和弱勢族群！

經商高明與否，看出發心如何，看格局有多寬。

15 / 生命的功課

　　每個人出生世上都有他的功課，有些人是上輩子做不好，這輩子讓他補修。有些人是上輩子還可以，這輩子要讓他更上一層樓！

　　亞洲水塔產量最高的良機集團張廣博董事長，在五十多年前剛創業時，新買了機車，假日和好友往觀音山踏青，途中進入八里鄉的天乙寺借廁所，要出來時，正走過扶乩的桌邊，突然有人大喊：「在場有名叫張廣博的信士嗎？」

　　友人說：「老張！神明在叫你喔！」

　　詭異的回頭看什麼一回事，原來神明在乩童的砂筆下寫出一首藏頭詩。

　　張羅八卦立干支，

　　廣大前程總適宜，

　　博覽群書帷幄在，

　　來年際會風雲期。

　　四句詩的前一個字湊起來居然是「張廣博來」，很神奇吧！根本無法解釋怎麼一回事，只能說，神明提示他，這一

生是帶天命來的，要在世間做一番大事，要他把胸襟格局放
開，並要多充實，多貢獻社會。

　　果然，經過半個世紀的浮沉，雖有得意也有危機，但他
始終知道神明在考驗他，也一直在他旁邊保護他，他得意時
不驕，危難時不餒，終於，他創造了一番大事業！

16 /　一世為官，九世為牛

在《集福消災之道‧感應篇》裡，有這麼一篇「一世為官，九世為牛」的記載。

宋朝的文彥博出任長安司法首長時，有一天到了「奔牛堰」這地區視察。

突然，在工作中的牛群裡，有一隻牛說了人話：「我與文彥博同朝做官二十年，今天有何面目再見他啊！」

士兵趕緊向文彥博報告；他命士兵把牛牽來。此牛見到文彥博，伏在地上低著頭，眼淚流得就像下雨一樣。

文彥博支開圍觀人群，詳細的和此牛交談。

事後文彥博向友人告知此經過，並嘆道：「我的老友某人，在世為官因為侵奪公款，殘害百姓，今天竟落得這個報應！」

須知官府的錢，是人民所納的稅金，而文彥博的同事變成牛來築水堤，就是來償還他欠人民的債啊！古有云：「一世為官，九世為牛」。而這才僅僅是第一世為牛，尚有八世

或者更多世要償還他的孽障。

官場好修行，但也容易犯下無可原諒的大錯，官字兩個口，千萬不要人前講一樣，人後又講一樣，騙得了一般民眾，騙不了有智慧者的慧眼和上天，需謹慎啊！

17／ 六世為豬為何故

　　民國初年，《影塵回憶錄》，在第八章 88 頁裡，記錄了《大雲月刊》第三十期，六位大人物名字出現在豬身之奇事新聞一則。

　　江蘇鎮江丹陽縣謝家之母豬，在農曆 11 月 13 日胎生豬仔六隻。背上無毛，足是人足，腹是人腹。尤奇者，每隻背上凸出幾個肉字：一姓袁，一姓盛，一姓伍，一姓馮，一姓李，一姓黃。眾人爭觀不計其數，此段新聞，並曾錄在《世界奇聞錄》中。

　　再依新加坡佛教居士林檔案 12-17-0111，此六豬仔中李袁是李鴻章、袁世凱，此事太叫人驚駭，這些大人物過世才不久，居然現世報如此迅速！

　　是否為高官時所作所為太損陰德，盡作一些損害社會、國家、民眾，圖自己富貴利益之事。

　　一世為惡，六世為豬，太可怕了！

　　官愈大，所作所為，枉法貪贓、禍國殃民之事愈是傷害巨大，所有為官者應以此兩案為戒，多舉善，勿造孽！

18 / 功過生前已論定

為何袁世凱身後集罵名於一身？

姑且不論他妄自稱帝的所作所為，以他的飲食做作即相當可惡！

他當大總統的時候，某天鄉親們來拜訪他。他們看到袁世凱用餐時吃一碗小米粥，一條鯽魚，拿起旁邊一個小瓶子往粥里倒佐料拌一拌，就著鯽魚吃，一頓飯就打發了。

鄉親們感動極了，堂堂大總統居然就一粥一菜，吃的如此節省，簡直是楷模。

其實事情的真相不是如此。

那鯽魚是洪河鯽，從千里之外運來的。小米粥里的小米是一粒一粒精心甄選，不起眼的小瓶子裝的不是一般佐料，是東北的千年老山蔘摻著鹿茸磨成的粉。這三樣東西，任哪一樣的價格都要嚇死人。

袁世凱是河南人，所以非常愛吃豫菜，其中非常有名的一道就是鯉魚焙麵。他吃的鯉魚必須是正宗的黃河鯉魚，一打撈上來，就放進未凝固的豬油裡，待豬油凝結，魚被封存

其中，再裝箱運輸，可保證新鮮，運達袁府之後，經過複雜
工序處理，最終變成袁世凱餐桌上的一道美食。

　　他的餐食可說奢華至極，清末民初民生凋敝，路有凍死
骨，可是高官可以遮著眼睛不聞不見，無良之至，因此被議
論或許是恰好而已！

第二章

福份是累世積來的

19 / 財多傷人子

清末民初中國首富盛宣懷 1916 年去世，留下資產高達幾千萬兩白銀。

由於盛宣懷的前三個兒子都早亡，老四盛恩頤繼承了大部分家產。

他不務正業，白天都在睡覺，晚上流連於賭場，人稱民國第一花花公子。他曾經一個晚上賭輸了上海一百棟樓。晚年的時候，盛恩頤已經窮困潦倒，成為了一個乞丐。最後一個人死在了家裡的門房裡面。

求財恨不多，財多傷人子。這大筆的錢財最後坑害了他。

而晚清重臣李鴻章，在國破民蔽之時，居然留給子孫的財產數量相當驚人。田產、房產和當鋪遍及合肥、蕪湖、上海、南京、揚州等地，來源相當可議。看來民初豬身有他的名字似乎其來有自。

李鴻章的孫子李子嘉，生於 1910 年，他與哥哥繼承龐大家產。但李子嘉除了吸吸鴉片、把玩外，其他一概不管。

　　抗戰勝利時，李子嘉的財產都被他揮霍光了。沒地方住，沒東西吃，東家吃一頓西家蹭一頓，窮困潦倒下，享樂慣了的李子嘉終於受不了。一日，撲通一聲跳進了水塘裡，才三十多歲。

　　盛宣懷和李鴻章孫子悲劇的一生，印證了「積財給子孫是留禍」的講法！

20 /　　留善財於子孫

　　在李鴻章、盛宣懷同時期，有一個名人沒有給子孫留下任何財產，他是曾國藩。

　　道光二十九年，曾國藩初任仕途時便對家人表示：「絕不留銀錢與後人。」

　　後來身為湘軍統帥，他再次申明他的態度：「仕宦之家，不蓄積銀錢，使子弟自覺一無可恃。」

　　一無可恃，就是不留財產的真諦所在。讓孩子覺得沒有父輩可以庇廕和憑靠，才會真正自己去努力。

　　曾國藩的家族兩百多年來，後裔有成多達兩百餘人。大多成為學術、科技、文化領域的精英，繁盛綿延十餘代。

　　曾國藩說：「兒子若賢，則不靠宦囊，亦能自覓衣飯；兒子若不肖，則多積一錢，渠將多造一孽，後來淫佚作惡，必且大玷家聲。」

　　大意是：「子孫若賢能，不倚靠官奉都可以自行創業謀生；如果子孫不肖，多留一些錢給他。這不過是讓他多做壞事而已。他為非作歹，還不是破壞家裡的名聲罷了。」

21 / 言多會失

一句無意義的話，害死三個人。

一個姓王的窮秀才，母親快斷氣，跟兒子說：「若能吃一碗鮮魚湯，死可瞑目。」

王秀才甚為羞愧，因為家中值錢的物品都典當一空，轉眼看到廚房水缸，趕緊把水倒掉，拿到街上叫賣，一個路人相當滿意，眼看就要成交，突然隔壁雜貨店老闆說了一聲：

「這缸要搪才行！」

買者一聽，仔細一看，果真有裂痕，生意吹了。

就在王秀才懊惱萬分時，一個人緊急衝過來，把他撞倒，一包東西掉了，頭也不回，逃之夭夭。秀才把這包東西打開，居然是金銀珠寶，當他一頭霧水時，後面幾位來勢洶洶的官差跑過來，看他手中的珠寶，立刻將他綁回。原來一戶官家進入盜賊，失手殺死老爺，緊急通報官衙，官差們立即出動抓賊。

抓到窮秀才後，即刻審判，雖然拷打，但他堅決說案子不是他幹的。當晚收監，獄卒問他何以入獄，他講出緣由。

獄卒嘆氣說；你母親已死，因為你不在家，鄰居們幫忙處理。秀才大聲痛哭，隔天再升堂審問時，他居然認罪，還說同夥是雜貨店老闆。

　　官府想不到這麼快就破案，把兩人判死刑，當要問斬時，雜貨店老闆問秀才，為何無故把我拖下水。

　　秀才說，因為你的一句話，讓我老媽吃不到魚湯，看不到我而死。我不把你拖下水，心裡怎會甘休！

　　一句無意義的話，害死三個人。

　　多言必失，需戒之！

22 /　　送禮者也是受禮人

一位在納粹的鐵蹄下僥倖活下來的揚克爾說：

當我是個孩子時，納粹無情地殺害猶太人，我們被趕上火車往奧斯威辛集中營。

那個車廂裡，真是致命的寒冷，德國人沒有給任何食物，把我們留在鐵軌旁。

冷酷下雪的夜晚，數百人沒有食物、沒有水、沒有庇護所、沒有毯子。

身邊，一位老人全身發抖，我用胳膊纏住他。

給他加熱，我緊緊地擁抱他，給他一些熱量。

我求他設法活著，我鼓勵他整夜，我以這種方式，使他保持溫暖。

最後，我也凍僵了，手指發麻，但沒有停止將溫暖傳遞給那個老人。

終於，太陽出現。可怕的，四周都是冰凍的屍體。

那寒冷只有兩個人倖存：老人和我。

老人倖存下來，是因為我給他保暖。

而我倖存下來，是因為我們彼此取暖。

我醒悟到，在這個世界生存，有一個最大的秘密，就是當您支持他人時，您也被支持。

人生中最幸福的人是「送禮者」，而不是「受禮者」！

23 / 以無常心面對生命

　　我一直在照顧大自然的「兒女」，相信大自然也在照顧我，給我健康。這是許哲，新加坡國寶（1898.07.07 － 2011.12.07）所說的一句話。

　　自小茹素的她，活了 114 歲。

　　二十歲的時候，她說：從今以後，我不再花一分錢在我的吃喝穿著上。

　　她辦養老院，穿人家不要的衣服，幫助窮困人士將近一個世紀。

　　許哲發願一生要照顧貧病人士。

　　原是一名天主教的老修女。於 2002 年 1 月 29 日禮請淨空法師為證明師，104 歲時皈依三寶。

　　她講過的話——

　　心靈平和，給人安樂，是健康快樂的祕方。

　　不做的事：不惡口，不生煩惱心，不猛火煮食，不食肉，不沾咖啡、茶、酒。

必做的事：靜坐，布施，閱讀，運動，吃大量生果蔬菜。

　　我們曾經孤苦無依過，我希望沒有人會再受那種苦。

　　我一直在照顧大自然的「兒女」，相信大自然也在照顧我，給我健康。

　　面對無常，就該以無常心面對，心境才能獲得穩定。

24 / 清廉

「我的孩子對台電沒半點貢獻，他們憑什麼分宿舍？」

曾任行政院長的孫運璿先生（1913.12.08 － 2006.02.15）對「清廉」很堅持。

一位老工程師哽咽說道。

他任交通部長時，孫先生將特支費全分給貧寒的部屬繳子女學雜費。

當年台電開放老員工認購宿舍，孫運璿在台電服務 18 年，當然有資格配置。老部屬知道後，特別到交通部奔告此事。

孫運璿一口回絕：「我已當到部長，有官配宿舍，何必和年輕人搶？」

老部屬再勸他，這可是有產權的宿舍和官配不同，可以留給孩子們；孫運璿聽了不但不感激，還揮手略帶責備：「我的孩子對台電沒半點貢獻，他們憑什麼分宿舍？」

他在行政院長任內生病倒下，國家失去棟樑。如果他不

生病，臺灣的命運就大不相同，真是可惜。

　　對照有些國家或地區的政府領導人，他的風骨無人能及，天壤之別，難以對比！

25 / 富過 15 代的奧秘

貝聿銘（1917.04.26 － 2019.05.16）是蘇州富過十五代的家族之後，家訓三十個字。

「以產遺子孫，不如以德遺子孫！以獨有之產遺子孫，不如以公有之產遺子孫！」

享譽世界的華裔建築大師貝聿銘先生享年 102 歲。

作為現代建築歷史上「最後一個現代主義大師」，為世界帶來了精彩絕倫的作品，包括羅浮宮的玻璃金字塔、華盛頓國家藝術館東館、香港中國銀行大廈和蘇州博物館等。

在百年人生裡，他獲得了一個建築師能擁有的全部榮譽。但是，貝老留給人們最深刻的記憶，卻並非他的建築成就，而是是他背後那個生生不息的家族，孕育出大師的那片沃土。

中國有句古話，「富不過三代」。很多富甲一方、紅極一時的富豪家族，都逃不過這個詛咒似的命運。

但是，貝聿銘所在的貝氏家族，卻傳承了幾百年，富過十五代。

而其中的奧秘，就藏在其家族的三十字家訓之中。

26 / 有志竟成語非假

　　莫嘆苦，莫愁貧。有志竟成語非假，鐵杵磨成繡花針。古今多少奇男子，誰似山東堂邑姓武人！

　　武訓，山東堂邑人，生於清末（1838 － 1896）。

　　武訓先生，出身貧寒，沒有上過學，常常被人歧視、欺騙和欺壓。吃了很多苦，遭了許多罪。

　　武訓成年之後，有感於自身沒文化的遭遇，認為窮苦人要想擺脫貧困，過好日子，不受他人欺凌，必須要有文化，有知識，才能自救，因而他萌發了辦學意圖，要讓窮人家孩子能夠入學讀書。

　　要辦學就必須籌集資金，對於一個窮苦人來說，這是一件十分艱鉅之事。於是他四方奔走，向富人求乞施捨，籌集資金，興辦義學。

　　在向人求乞施捨的過程中，遭到白眼和鄙棄，但他並不因此而灰心洩氣，始終不渝的堅持著。他這種捨己為人的奉獻精神，堅韌不拔的奮鬥風格，摯誠純樸的情意，令他人為

之感動，許多富人和其他勞苦人民，紛紛伸出支援之手，解囊相助。經過他畢生的努力，終於辦起了三所義學，為了讓老師們用心教學，學生們專心讀書，他屢以長跪來懇求他們。

他是中華歷史上唯一被載入正史的乞丐，被譽為「千古奇丐」。

給世人的啟示是，一個沒有資源、出身不好、沒有學歷、無高收入。一個社會底層人士，他可以蓋起三所學校。有好條件的人，還有什麼理由說自己做不到呢？

27／　　福份是累世積來的

有錢人，不是一生修來的福，是多生累世行善積德。

孝親尊師，普濟眾生，才能有現在這些財富地位的！

李嘉誠風水師陳朗的臨終遺訓，揭開榮華富貴的秘訣！

李嘉誠三十歲的時候，在香港開始經商做些小生意。

有一天名算師陳朗給他算命。算了之後跟他開玩笑說：你希望將來擁有多少財富？

李嘉誠說：我能有三千萬，就很滿足了。

陳朗告訴他，你命裡的財庫不是平的，是漫出來的，你將來必定成為香港首富！

陳朗享年七十八歲。他留下給李嘉誠和一些富豪們的囑咐！

1、我為什麼要幫助你們，是因為你們可以幫助更多的人。

2、有錢人，不是一生修來的福，都是多生累世行善積德來的。

3、做生意要走正路，有種福德，成功是早晚的問題。

4、福種的厚，緣自然就來的快，急不得。

5、走正路是在造福，立好的榜樣讓人學習，這種福不是
幾個億可以計算的。

6、千萬不要想走歪路，否則福損的很快。

7、命中本來有萬億的福，走歪路，減損成幾十億。

8、自己還以為成功了，沒想到將來要受造惡的果報，實
在得不償失。

28 / 拖延是最不好的事情

優柔寡斷和躊躇不前就像一對雙胞胎的惡魔。

當你在做一件事時，拖拖拉拉是最不好的。

拿破崙・希爾（1883.10.26 － 1970.11.08）是美國也是全球最偉大的勵志成功大師，他創建的成功哲學和十七項成功原則，以及他永遠如火如荼的熱情，鼓舞了千百萬人，因此他被稱為「百萬富翁的創造者」。

拿破崙・希爾說：「失敗一共有三十一種原因」。其中和拖拖拉拉有關的就有三個——「缺乏果斷力」、「一天拖過一天」、「過度小心」。

這三十一個會造成失敗的原因，是他花了很長的時間，對二萬五千名遭遇失敗的人所研究出來的結果。從這個研究中我們可以知道，拖延是一件最不好的事情。

希爾的十七條成功法則：

1. 積極的心態。　　　2. 明確的目標。
3. 正確的思考方法。　4. 高度的自制力。

5. 多走些路。

6. 培養領導才能。

7. 建立自信心。

8. 迷人的個性。

9. 創新致勝。

10. 充滿熱忱。

11. 專心致志。

12. 富有合作精神。

13. 永保進取心。

14. 正確地看待失敗。

15. 合理地安排時間與金錢。

16. 保持身心健康。

17. 養成良好的習慣。

29 /　生命目的就是要追求真理

　　當代臺灣藝術家張振宇，現居北京，融會貫通佛法、量子力學，傾十多年光陰成就如史詩般的「量子臉書」系列巨作，交織出豐富的時代樣貌，讓人感受到佛法的莊嚴、慈悲與智慧。

　　曾任臺北市立美術館館長的張振宇，出身天主教家庭，張父從未要求子女信仰特定宗教，「但父親教導我：生命目的就是要追求真理。」張振宇奉為圭臬，大量閱讀，包括佛經、科學都讀，他笑說：「我就是想搞清楚宇宙生命的真相究竟是什麼！」

　　曾深受惡夢困擾的他，二十七歲留美時親自實踐《地藏菩薩本願經》所言：七天七夜以清水供奉地藏王菩薩像，祂必為你摩頂授記，之後就不會再有惡夢之苦，「真的在第七日晚上，地藏王菩薩現身床前，莊嚴安祥地摸我頭，從那之後，連續二十年，我都睡得很安穩，連夢都沒做了。」這段神祕經驗，讓張振宇體認「精神世界有很不可思議的智慧真

理」，決定好好學佛。

　　後來，三十四歲一次禪定中，張振宇望見不可思議景像，「約末十層樓高的千手觀音，每隻手都是半透明、柔軟、微微動，拿著不同法器」。他立刻頂禮膜拜，其中一隻手拿了把紫柄鉞斧給他，當下明白菩薩要交付他一個使命。

　　花了十多年不斷琢磨，張振宇漸漸領悟：「授予鉞斧是要我披荊斬棘，做開路先鋒，用當代藝術來弘揚佛法，為佛教藝術開闢一個新可能。」

30 / 受尊重的志向

丁龍（1857 年－？），一個在清末十八歲時被賣到美國的華工，廣東人，文盲。

全球第五名校，紐約哥倫比亞大學設立了以他為名的全美第一個漢學院。

丁龍被賣到美國時，是富商卡朋蒂埃的僕人。卡朋的脾氣很壞。有一次，他酒瘋發作，把所有的僕人都打跑了。但第二天早上，丁龍不僅沒走，還像往常一樣端著盤子給他送早餐。

卡朋問丁龍為什麼不走？

丁龍回答說：「雖然你確實脾氣很壞，但我認為你畢竟是個好人。另外，根據孔子的教誨，我也不能突然離開你。孔子說一旦跟隨某個人就應該對他盡到責任，所以我沒有走。」

丁龍不但成為卡朋的管家，1900 年，他還被卡朋吸收為生意夥伴。

　　有一次，卡朋問丁龍，對於他多年忠心耿耿的服務，想得到什麼回報？

　　丁龍的回答出人意料。

　　「希望在美國最好大學之一的哥倫比亞大學建立漢學系，讓美國人能夠更多了解中國和中國的文明。」

　　1901 年 6 月，卡朋向哥倫比亞大學校長塞斯捐了十萬美元，並說我以誠悅之心獻給您籌建一座中國語言、文學、宗教和法律的系，並希望學校以「丁龍」為漢學院之名。

　　丁龍也捐獻了自己的積蓄一萬兩千元，這是他的全部積蓄和財產。

　　當校長對於以中國僕傭的名字來命名一個學院而猶豫的時候，卡朋直截了當說：

　　「丁龍的身份沒有任何問題。他不是一個神話，而是真人真事。而且我可以這樣說，在我有幸遇到的出身寒微但卻生性高貴的紳士中，如果真有那種天性善良、從不傷害別人的人，他就是一個。」

哥倫比亞大學的東亞系，不僅是全美最早的漢學院，也是中國文化海外傳播與研究的一塊高地。胡適、馮友蘭、徐志摩、宋子文、馬寅初、陶行知、陳衡哲、潘光旦、聞一多等在這裡留下足跡；顧維鈞、張學良、李宗仁、張國燾在這裡留下了珍貴的第一手的口述實錄⋯⋯。

　　這一切，都來自一個卑微的廣東「豬仔」丁龍。

　　這也告訴我們，一個人沒有地位高低的問題，一個受尊敬和影響世人的人是在於他的志向！

31 / 左手做的事不要讓右手知道

日本人至今不肯為他們的軍人在二戰時「禽獸不如」的罪行而道歉，這是日本不如德國受尊重的地方。

但是也有令人尊敬的日本人為臺灣貢獻一己之力，那就是愛愛院創始人施乾的夫人。

淡水旺族之後的施乾，基於慈悲的精神，毀家施財在萬華建立「乞丐寮」，收容沒人要照顧的游民、乞丐、吸毒者。

在京都的富家女照子，欽佩施先生的義行，毅然嫁到臺灣，幫忙照顧這些社會最底層的民眾，她經過非常多的挑戰，包括施先生在光復前一年過世，為了不被遣送回日本，她乾脆加入臺灣籍。

百年了，乞丐寮改名愛愛安養院，由第三代在臺北市萬華區大理街樹立著。愛愛安養院照顧當地的老者。

本來照子和施乾的義行並沒有什麼人知道。他們秉著「左手做的事不要讓右手知道」，最近才又慢慢流傳。

32 / 同理心

　　某天，六歲的傑克睡眼惺忪地醒來，赫然發現自己遲到了！

　　他從床上一躍而起，沒時間刷牙洗臉上廁所，就慌慌張張地往學校跑去。

　　同學們還在早自習，他於是偷偷摸摸地溜進教室，本來以為神不知鬼不覺，不料，小男孩才剛坐下，老師就突然大吼一聲，斥罵道：「傑克！你怎麼又遲到了！給我過來罰站！」

　　只見傑克打了一個冷顫，接著滿臉通紅；但他彷彿是要故意激怒老師似的，仍舊坐在座位上，一動也不動。

　　就在老師準備發怒的時候，突然間一陣騷動，坐在小男孩隔壁的女孩，不小心打翻了水壺，滿滿的一壺水全都潑在小男孩身上！

　　很多年之後，孩子們都長大成人了，傑克成為傑出的企業家，女孩則在一間慈善機構服務。偶然的機會下，他們重逢了，進而相戀相愛，最後決定攜手共度一生。

　　婚禮上，邀請了不少小學同學，新郎在致詞的時候說：
「其實我在小學時，就已經愛上我的妻子了。印象最深刻的，
就是她將水壺翻倒在我身上的那一次。……」在座不少人還
記得那段小插曲，紛紛發出笑聲。

　　「今天我要藉機宣布一個隱藏很久的祕密！其實，那天
她不是不小心翻倒水壺，而是故意的。」臺下人都全神貫注
地聆聽。

　　新郎繼續說：「因為當時她坐在我旁邊，發現我被老師
突然一罵，嚇得尿褲子了。」

　　新郎深情地望著新婚妻子，微笑地說：「從那一刻開始，
我就知道她是世界上最善良的人！」新郎說完，現場立刻爆
出熱烈的掌聲！

　　最能展現一個人教養、內涵的情操，莫過於同理心！

　　一個人的同理心或許力量很微小，但眾人若能一起發揮
同理心，就可以成為提升社會的驚人力量。

33 / 只有讀書才能改變女性的命運

　　成功而多金的企業家很多，但像陳嘉庚先生一樣讓人敬佩，可以流傳千百年的人士不多！

　　新加坡開埠二百周年推出二十元新鈔票，鈔票上的人物其中一人就是陳嘉庚先生（1874.10.21 － 1961.8.12），他出生在廈門邊的集美小漁村，創業於東南亞，成為「橡膠大王」，在他企業面臨經濟風暴時，他還以學校為念，寧可毀掉龐大事業仍然要把學校維持下去。

　　初創業時，即徵得母親和妻子的同意，將有限的資金蓋女校，他說，只有讀書，才能改變女性的命運。

　　集美學村、廈門大學和新加坡創建各類型學校，總數達一百多所。親臨集美現場，看到屹立的各學校，你才可說什麼是偉大！

　　對日抗戰時，他與東南亞的華僑們組織「南洋華僑籌賑祖國難民總會」，動員南洋華僑踴躍捐款，購買救國公債，選送五千位華僑司機回國，在滇緬公路運輸抗戰物資，陳嘉

庚個人捐出一百多架戰鬥機、一千多輛戰車、百億軍火和糧
食，他還出資在多山的福建興建鷹廈鐵路，成為中國第一條
由民間人士出資興建的鐵路。

在全國乃至世界的很多地方，都留下了陳嘉庚或嘉庚精
神影響的深刻的印記，甚至在太空中，都有一顆被命名為「嘉
庚星」的行星。

以他名字命名的嘉庚星、嘉庚水母、嘉庚路、嘉庚公園、
「嘉庚號」科考船、嘉庚路、嘉庚公園等，美國加州大學伯
克萊分校的嘉庚樓等，無不折射出世人對他的景仰與懷念。

在海外，Tan Kah Kee 的廈門話讀音為人熟知，如新加
坡「陳嘉庚地鐵站」，美國加州大學伯克萊分校的「陳嘉庚
樓」！

34 /　　承諾了，就一定要做到

　　在美國紐約哈德遜河畔，離美國第十八屆總統格蘭特陵墓不到一百米處，有一座孩子的墳墓。在墓旁的一塊木牌上，記載著這樣一個故事：

　　1797 年 7 月 15 日，一個年僅五歲的孩子不幸墜崖身亡，孩子的父母悲痛欲絕，便在落崖處給孩子修建了一座墳墓。

　　後因家道衰落，這位父親不得不轉讓這片土地，他對新主人提出了一個特殊要求：把孩子墳墓作為土地的一部分永遠保留。

　　新主人同意了這個條件，並把它寫進了契約。一百年過去後，這片土地輾轉賣了許多家，但孩子的墳墓仍然留在那裡。

　　1897 年，這塊土地被選為總統格蘭特將軍的陵園，而孩子的墳墓依然被完整的保留了下來，成了格蘭特陵墓的鄰居。

　　又一個一百年過去了，1997 年 7 月，格蘭特將軍陵墓建成一百周年時，當時的紐約市長來到這裡，在緬懷格蘭特將

軍的同時，重新修整了孩子的墳墓，並親自撰寫了孩子墓地的故事，讓它世世代代流傳下去。

那份延續了兩百年的契約揭示了一個簡單的道理：承諾了，就一定要做到。

餐飲業、保險業、房仲業、安養業、銀行業等等行業，這些攸關民生福祉的長久之計，更應該謹守承諾！

35 / 善良無需考核

　　巴西著名導演沃爾特正在籌備自己的新電影，一天，在火車站前的廣場上遇到了一個十多歲的擦鞋小男孩。小男孩問道：「先生，您需要擦鞋嗎？」

　　沃爾特低頭看了看自己腳上剛剛擦過不久的皮鞋，搖搖頭拒絕了。

　　就在他轉身走出十幾步之際，忽然見到那個小男孩紅著臉追上來，眼中滿是祈求：「先生，我整整一天都沒吃東西了，您能借給我幾個錢嗎？我從明天開始就多多努力擦鞋，保證一周後把錢還給您！」

　　沃爾特看著面前這個衣衫襤褸、面黃肌瘦的小男孩，不由的動了惻隱之心，掏出幾枚硬幣遞到小男孩手裡。小男孩感激的道了一聲「謝謝！」後，一溜煙就跑得沒影了。沃爾特搖了搖頭，因為這樣的街頭小騙子他已經見得太多了。

　　半個月後，沃爾特早已將借錢給小男孩的事忘得一乾二淨。

　　不料，就在他又一次經過西郊火車站時，突然看到一個
瘦小的身影老遠向他招手喊道：「先生，請等一等！」

　　沃爾特認出這是上次向他借錢的擦鞋小男孩。小男孩氣
喘吁吁的說：「先生，我在這裡等您很久了，今天總算把錢
還給您了！」沃爾特握著被汗水濡濕的硬幣，心頭一震。

　　突然，他發現這個小男孩很符合腦海中構想的主角形象。
於是，沃爾特把幾枚硬幣塞到小男孩衣兜里：「這點零錢是
我誠心誠意給你的，就不用還了。」又說道，「明天你到市
中心的影業公司來找我，我會給你一個大大的驚喜。」

　　第二天一大早，門衛就告訴沃爾特，說外面來了一大群
孩子。

　　他詫異的出去一看，就見那個小男孩興奮的跑過來，一
臉天真的說：「先生，這些孩子都是同我一樣沒有父母的流
浪兒，聽說你有驚喜給我，我就把他們都帶來了，因為，我
知道他們也渴望有驚喜！」

沃爾特真沒想到這樣一個窮困流浪的孩子竟會有一顆如此善良的心！既然人都帶來了，沃爾特就讓工作人員對這些孩子進行了篩選，最後，工作人員在這些孩子中，找出了幾個比小男孩更機靈，更適合出演劇本中的小主角的人選。

　　但最後，沃爾特把小男孩留下來。他在錄用合同的原因一欄中寫了這樣幾個字：「你的善良，無需考核！」

　　在沃爾特的執導下，文尼西斯在劇中成功地扮演了小男孩的角色，電影《中央車站》也大獲好評，並獲得了1999年的奧斯卡金像獎。

36 / 改命的書

《了凡四訓》，是明代著名思想家袁了凡給自己兒子寫的告誡書。

五百多年來，流傳在漢文體系的韓國、日本、琉球、越南等地，日本人稱為「帶來幸福的書」。

全書共四個章節，包含了立命、改過、積善、謙德，被譽為「中國歷史第一改命奇書」。

曾國藩對《了凡四訓》推崇備至，將這本書列為子姪必讀的「人生智慧書」。

日本稻盛和夫一再推崇，說此書是他的人生指南。

淨空法師一直闡述此書真義，並由影片、動漫、書籍大量推廣。

在這本書中，袁了凡以其畢生的學問與修養，用自己的親身經歷，結合大量真實生動的事例，告誡兒子不要被「命運」束縛手腳，命是可以改變的，要自強不息，改造命運。在臺灣，很多前賢一直在推廣此書。

我因為此書本來為古文體，對有些民眾較無法吸收，遂在 1996 年和 2010 年兩次改版為現代文體，並加上許多故事和寓言，甚是受到歡迎，佛陀教育基金會還將我這版本當善書，印行不計其數，現在玄奘出版社再改編出版，必然會受到肯定和回響。

第三章

做別人生命中的貴人

37 / 積德累功

　　宋朝的時候，鎮江有位太守名叫葛繁，每天都做幾件善事，四十年都不曾間斷過。

　　一天，有人向他請教如何行善，葛繁說：「我並沒有什麼奇妙的方法，只是每天做一、兩件利益別人的事情而已。」

　　然後就用手指著座椅間的踏板說道：「好比如果這個踏板放的不正，就會碰傷人的腳，所以我就將它擺正；別人口渴了，我就請他喝杯水，這些利益人的事，從宰相到乞丐，都能輕而易舉地做到，但是一定要持之以恆，行之長久，對自己品德的修養，就有真正的助益。」

　　古人說：如欲修成「天仙」，必須行一千三百條的善事，若以每天做一件來算，只要四年的時間就可以成功。

　　而修成「地仙」，只要行三百條的善事，以每天行一件來算，則只須一年的時間，即可成功！

　　不用怕人譏笑而懷疑行善，或習慣於安逸而不能夠奮發；更不可因事大難為而退縮，或因為善小而忽略，或以事情忙

為理由而推拖。

　　勿避嫌、勿避怨、勿因循、勿間斷、勿鹵莽、勿圖報、勿沽名釣譽。遇到可做的善事，要歡喜去做，不計名利，不求回報心，這才是真正的積德累功！

　　袁了凡先生所寫的《了凡四訓》一書，其中的〈積善篇〉，對於積德功累，有詳細的說明和舉例，想進一步了解學習，不妨細讀。

38 / 欠錢的總要還

　　南宋初年，江南有個富家子弟郃育人，是個秀才，娶妻林氏。夫妻二人感情很好，結婚兩年，卻沒有懷上身孕。

　　這一天，郃育人騎著騾馬去參加鄉試，因為貪趕路程，錯過了宿頭。恰好看到一座城隍廟，便在廟裡歇宿。他和家僕吃了一點乾糧。兩人在大殿的走廊上，打地鋪睡了。

　　忽然，郃育人聽見大殿上傳來說話聲，爬起來伸頭往裡面檢視，只見城隍爺端坐大堂，面前跪著一人，背對著他，看不到面容。只聽跪著的人說道：「郃育人前世向我借了許多銀子，想不到淹死在江中無法歸還，懇請城隍爺為我做主。」

　　郃育人聽見他的名字，豎起耳朵聽。聽城隍爺說道：「郃育人，本來命中無子，既然他欠了你的債，你投生到他家，討完債就回來，另行投胎。」那人說道：「遵命。我一定會大肆揮霍，爭取早點討完債回來。」說完，大殿上忽然變成黑暗一片。

　　邰育人參加完鄉試，回到家裡，對林氏說了他在城隍廟裡見到的怪事，林氏喜極而泣，說道：「我們終於有兒子了！」邰育人沒好氣地說：「是個討債鬼，討完債就會死去，要他何用！」

　　過了一段時間，林氏懷孕了。轉眼間懷胎十月，產下一個男孩，取名邰金寶。看著胖乎乎的兒子，想到他是來討前世債的，夫妻倆很是心酸。林氏嘆口氣說：「要是能把他留住，就好了。」

　　邰育人想了想，說：「我也不知道前世欠了他多少錢，反正他說要大肆揮霍。我有一個主意，把家財散盡，他沒錢揮霍了，討不完債，延長討債的期限，他不就走不了啦？」

　　林氏說：「可是，家財散盡了，我們一家人的花費怎麼辦？」邰育人說：「我留下十幾畝田，能夠維持一家人的溫飽就行了。」

　　過了幾天，邰育人召來所有的佃戶，拿出地契，把他們

租種的田地，全部無償轉讓給他們。緊接著，邰育人拿出銀子，整個村子裡，每家每戶送去五百兩，一下子散去了一小半家產。僕人們也都遣散了，每人送了幾百兩銀子，只留下一對沒有兒女的老僕夫婦。

過了一段時間，北方蜂擁而來大量災民。邰育人搭起粥棚，救濟災民，施捨饅頭稀飯和衣物。三個月後，災民們要回去耕種，沒路費的，邰育人送路費；沒穀種的，他送穀種，感動得災民們跪在地上，稱呼他為菩薩現世。

這樣一來邰家從一個大戶人家，一下子成為普通人家。

一轉眼，邰金寶長到十三歲，跟著幾個混混打架，把人打傷了，抓進了縣衙。為了賠償醫藥費和罰款，邰育人把老宅賣掉了，只留下一個小院子居住。

邰育人對邰金寶說：「我知道你是來討債的，現如今我家和普通老百姓家沒區別，你要是再惹禍，我和你母親只有尋死了，你就成了謀財害命大逆不道之人，恐怕來世，我們

要找你討債了。」

　　一席話說得邰金寶愣了好久，這以後，他就像變了一個人，老實本分起來。後來，邰金寶長大了，邰育人要給他說親，他死活不同意。邰育人心知肚明，知道邰家命中沒有後人，也就不再逼他。

　　這一天，邰育人去省城辦事，也是巧了，又錯過了宿頭，又住進了城隍廟。晚上，他又被說話聲驚醒。只見兒子邰金寶跪在城隍爺面前，埋怨道：「邰家已經沒有家產可以供我肆意揮霍了，我算了算，等到討完債，我就四十多歲了。」

　　城隍爺說：「邰育人施捨家財做善事，積累了大量陰德，上天決定讓他留下香火。你可以結婚生子，你討完債後，仍然留在他家，延續父子之情。」

　　邰育人聽完，喜極而泣。

　　回家後，他把城隍廟所見所聞對林氏講了，林氏大哭起來。邰育人找媒婆給邰金寶說親，這一次，邰金寶沒有拒絕。

結婚之日，那些昔日的佃戶、家僕和所有村民，為了感激郜育人的昔日之恩，都送來重禮慶賀，禮金共計收了二百多兩銀子。

　　郜金寶用這二百多兩銀子跟著親族做生意，漸漸地富裕起來。郜育人夫妻倆一直到六十多歲，在鄉親的依依不捨下才先後離世。

39 / 加倍奉還

　　黃昏，寺廟裡靜悄悄的，僧人們正在吃晚飯，一個男人悄悄地溜進寺廟，來到功德箱前面。

　　他以為四周無人，將功德箱的錢拿了。

　　但在一邊，小沙彌和師父看了個一清二楚。

　　小沙彌說：「師父，有人偷錢！」師父說，「我知道。」

　　小沙彌說：「我們去把他抓住……」「不用。」師父說。

　　小沙彌急了：「師父，為什麼啊？他偷了我們的錢，他是小偷！」

　　師父說：「他不是小偷，那不是我們的錢……」

　　師父說：「那是人們放進去的錢，現在有人需要它，取出來，怎麼算是偷呢？」

　　小和尚聽了默默無語，他眼睜睜地看著男人離去。

　　小沙彌跑到功德箱前面往裡面看，說：「師父，裡面還有錢！」

　　師父點點頭說，「他只是拿走了他需要的那一部分。如

果他是小偷，還會留錢在裡面嗎？」小沙彌點了點頭。

沒想到第二天黃昏，那個男人又來了，又從功德箱取錢。小沙彌和師父依然看了個一清二楚。

小沙彌說：「師父，他又偷我們的錢了！」

師父說：「人放錢，人取錢，人的錢人花，何為偷啊？昨天他取走一部分，因為不夠，再取走一部分，有何不可？」

小沙彌非常生氣，但不敢發作，只好眼睜睜看著男人取走功德箱裡的錢。

男人一走，小沙彌再到功德箱前面往裡面看，發現裡面還有錢，心想男人總算不太壞，便作罷。此後，男人再也沒有來寺廟。

一年之後，男人再次踏進寺廟。

男人來的時候不是黃昏，而是上午。男人進了大殿，拜了佛，來到功德箱前面，他打開皮包，掏出厚厚一堆錢塞進了功德箱。旁邊的人都張大了嘴巴，這男人也太慷慨了。

小沙彌忍不住走上前去問男人，為何這麼大方？

　　男人提到了一年前的事，他說自己那時候走投無路，非常需要錢，看到功德箱裡的錢，就打起了歪主意，功德箱裡的錢讓他絕處逢生，現在他的日子好了，他就來加倍奉還。

　　小沙彌把這事告訴了師父，師父回說：「人都有困難的時候，只要我們給別人一條出路，別人就能走出困境，最終，我們也能得到加倍的回報。功德箱，那是人們的功德箱，也是我們的功德箱啊！」

　　後來，這事傳開了，寺廟的住持便特地放了一個功德箱在寺廟門口。每天，小沙彌都會往功德箱裡裝錢，讓那些需要錢的人去取錢。

　　開始的時候，白天裝滿錢的功德箱，第二天一早就變少了，可是幾個月後，再也不用小和尚往功德箱裡裝錢了，每天早上，功德箱裡都是滿滿的一箱錢，小和尚不得不取出很多錢，否則，裡面就裝不下了。

　　那裡面的錢，有人加倍奉還的，也有人捐獻的。加倍奉還的人想感恩，捐獻的人想行善幫助他人。

40 / 識人名言

　　曾國藩（1811.11.26 － 1872.03.12）曾經感嘆的說：社會大亂之前，必有三前兆。

　　一、無論何事，均黑白不分。

　　二、善良的人越來越不吭聲，無用之人越來越猖狂胡為。

　　三、問題到了嚴重的程度之後，凡事皆被合理化，一切均被默認，不痛不癢，莫名其妙的虛應一番。

　　他身故後四十年，大清王朝灰飛煙滅。

　　曾國藩，號滌生，宗聖曾子七十世孫。近代政治家、戰略家、理學家、文學家，湘軍的創立者和統帥。與胡林翼並稱曾胡，與李鴻章、左宗棠、張之洞並稱「晚清四大名臣」。

　　他的識人名言：「邪正看眼鼻，真假看嘴唇，功名看氣概，富貴看精神，主意看指爪，風波看腳筋，若要看條理，全在語言中。」

　　可供我們參考。

41 / 計利當計天下利

于右任早年為同盟會成員，為反抗貪腐不法之清朝獻身革命，長年在國民政府擔任高級官員，擔任監察院院長三十四年，以書法見長，是現近代名家！

于右任一身清廉，雖長期歷任政府高官，去世時沒有留下任何財物，隨身的小箱空空如也。他曾書囑蔣經國：「計利當計天下利，求名應求萬年名」。

他的長子在上海完婚時，他將所有朋友送的禮金全部送回家鄉陝西作為賑災款項。

高風亮節之風骨為如今政客難以向背！

于右任臨終詩「葬我於高山之上兮，望我大陸；大陸不見兮，只有痛哭。葬我於高山之上兮，望我故鄉；故鄉不見兮，永不能忘。天蒼蒼，海茫茫，山之上，有國殤。」廣為流傳。

于右任去世後，國民政府在玉山主峰樹立其雕像，計 3 公尺高，意在補足 4,000 公尺高度（玉山當時測量數據為海拔 3,997 公尺），並有尊重于右任遙望大陸遺願之意。

42 / 倭塚警世

　　長跪在中國境內的日本官兵墓園！日本重金請求拆除，中方說可以，但要答應三個條件！

　　抗日戰爭，從 1931 年 9 月 18 日事變開始，到 1945 年 8 月 15 日日本宣佈無條件投降結束，一共消耗了十四年的時間。這場戰爭導致無數的中國官兵與百姓死於非命，損失的財產更是不計其數。

　　戰爭是無情的也是殘酷的，許多人都在抗戰中失去生命。

　　在中國雲南省西部的騰衝縣城就有一座國殤墓園，用於埋葬當時的愛國烈士，就在國殤墓園的旁邊還有一座「倭塚」，用於埋葬以藏重康美少將為首的日本侵略者，並且還有跪著 4 個塑像。

　　日本方面知道後，多次對中國提出抗議，要求中國將其拆除，中國表示拆除可以，但是日本必須答應三個條件：

　　1、日本必須先拆掉供奉戰犯的靖國神社。

　　2、日本必須承認侵略中國的事實，正視日本曾經犯下的

錯誤，並且對這些錯誤進行公開道歉。

3、以官方的名義鄭重向騰衝這座烈士陵園中安葬的九千
多名烈士道歉。

日本方面不肯答應這三個條件，表示可以對中國進行財
務賠償，但我方不肯答應，並且還表示除非日本答應這三個
條件，否則這座「倭塚」會永遠儲存在中國國土上！

43 / 沒有不可拋棄的仇恨

有一段令人動容的真實歷史，兩位彼此仇恨，不共戴天的人物，在風燭晚年時，面臨攸關民族利益，兩人竟然屏棄前嫌，通力合作，挽回民族至上的尊嚴。

七〇年代的越南，在美國撤軍前，將海軍的艦艇與軍備，全數遺贈給南越。

南越獲得數量龐大、裝備先進的艦艇後，心生奇想，認為中國和臺灣難以對抗，企圖佔據資源豐富的「南中國海」諸多島嶼。

1974 年 1 月 15 日南越的幾艘驅逐艦和護航艦等，堂而皇之地入侵，最終實際佔領南沙、西沙合計共六個島嶼。

中國大陸獲悉後，調遣擁有四十五艘攻擊艦的「東海艦隊」，派出最具殺傷威力的二十四艘，在 1 月 19 日當晚 20 時許，自浙江寧波母港整軍出航。

按航程計算，如果借道臺灣海峽，翌日清晨前可駛抵南海，奪島反擊效果最佳。但按當時兩岸的慣例，共軍只要進入臺海，即視同作戰，國軍可不待請命逕予攻擊，軍情如此

急迫，解放軍上下無人敢拍板，最後緊急請示毛澤東主席，在聞訊後立刻指示總理周恩來循第三管道「熱線」聯繫臺灣當局，緊急徵求同意借道臺海。

那時的毛主席健康狀況極差，在焦慮攻心之下，醫護人員用擔架抬他，抵達中央軍委戰情中樞，就等臺灣當局的回復。等待過程中，不時有人向他進言，萬萬不可借道臺海，當東海艦隊駛入後，臺軍如果在兩端出入口及岸側設伏，萬砲齊發，艦隊將全軍覆沒。

但毛主席做了最後的定奪：「老蔣，在民族大義面前，我信得過他！」。

而臺灣這邊，接獲「熱線」後，蔣經國先生率同國防部長高魁元、參謀總長賴銘湯，箭速奔抵士林官邸，向先總統蔣公稟報事態，兩位軍政要員的意見是「千萬不能同意」，原因是東海艦隊二十四艘攻擊艦進入臺海後，如果一字排開，艦砲掉轉向左齊發，臺灣沿海所有重要設施，將毀於一夕，經濟成果片甲不留。

但院長答以「願賭一回」，蔣先生最後裁示：「我信得過老毛的民族氣節！」，並且下達參謀總長賴銘湯二項命令，確實遵辦不得有誤：

　　1、徵詢解放軍，兵力如果不足，我軍全力支援。

　　2、調集全數備有探照燈的艦隻，在臺灣海峽緊靠我側一字排開，東海艦隊通過時，所有探照燈齊開，替他們照明指路。

　　大陸東海艦隊借道臺海，長驅直入南中國海，完全出乎南越軍的預料之外，不到二個小時的戰鬥，擊沉其護衛艦一艘、驅逐艦三艘，擊斃一百餘人，俘擄四十八人，越南軍霎時狼狽逃逸。

　　這是兩岸分隔以來迄今，基於民族大義，空前絕後的一次攜手抗敵，不但共同捍衛了中華民族的尊嚴，同時也展現：「只要是一家人，沒有不可拋棄的仇恨！」

44 / 做別人生命中的貴人

　　一家公司的業務人員去花蓮開會。他們向家人說將在星期五傍晚回家吃晚飯。

　　不巧，會議拖了一點時間，到達機場稍晚，在趕忙進入候機室的奔跑中，一人不慎撞倒路旁賣蘋果的攤販，蘋果掉落，散了一地。

　　時間緊迫，闖禍者沒留下來收拾殘局。其他人都沒有停下或回望，他們希望趕上班機。突然，其中一個人停下來。他告訴同伴們先走，並請他們到家時告訴他的太太為什麼晚歸。接著他撿拾地上到處都是的蘋果，他很高興自己這麼做。

　　原來這小女孩是雙目失明！

　　她輕輕地哭泣，淚水順著她的臉頰流下，這位先生一面安慰她，一面蹲在地上撿拾蘋果。

　　他發現其中一些蘋果已跌壞了，當他收拾完了，掏出錢包，對女孩說：「都撿好了，請收下兩千元，當作賠償損害。好嗎？」

　　女孩擦了淚水，點了點頭。

他轉身要走，不料那盲眼女孩叫住他：「先生……」

他停下，轉身回望那失明的女孩。

女孩突然說：「你是佛祖嗎？」

他輕輕地走了回來，說：「不！我一點也不像佛祖；佛祖是慈悲的，充滿了智慧，祂不會撞倒妳的蘋果。」

這個女孩溫和地點頭說：「我這樣問，是因為我祈求佛祖來幫我撿蘋果，謝謝你聆聽祂的呼喚！」

他趕上晚一些的班機回家，但這問題卻燃燒和衝擊著他：「你是佛祖嗎？」

難道這不就是我們應有的使命嗎？

如果我們的生命緊密與佛陀連結，學習祂的慈悲、智慧、與善巧，便能活得像佛陀。如果我們自稱認識佛，我們應該在生活和行為上效法祂。

認識佛不僅只是學習佛所說的法，還可以將佛陀的教法運用在生活中，利益眾生、度化眾生。

學會「做自己的貴人，也做別人生命中的貴人。」

45 / 感恩的心

史蒂文斯，有一天突然失業了。他是一個程式員，在軟體公司做了八年，他一直以為將在這裡做到退休，然後拿著優厚的退休金頤養天年。

然而，公司卻突然倒閉了。第三個兒子剛出生，重新工作迫在眉睫。一個月過去了，他沒找到工作。除了寫程式，他一無所長。

終於，他在報上看到一家軟體公司要招聘程式員，待遇不錯。他拿著履歷，滿懷希望地趕到公司。

應聘的人數超乎想像，很明顯，競爭將會異常激烈。經過簡單交談，公司通知他一個星期後參加筆試。

他對自己八年的工作經驗無比自信，堅信面試不會有太大的問題。但考官的問題是關於軟體業未來的發展方向。這些問題他竟從未認真思考過，因此，他被告知應聘失敗了。

史蒂文斯覺得公司對軟體業的理解，令他耳目一新。雖然應聘失敗，可他感覺收穫不小，有必要給公司寫封信，以表感謝之情。於是立即提筆寫道：

「貴公司花費人力、物力，為我提供了筆試、面試的機會。雖然落聘，但通過應聘使我大長見識，獲益匪淺。感謝你們為之付出的勞動，謝謝！」

這是一封與眾不同的信，落聘的人沒有不滿，毫無怨言，竟然還給公司寫來感謝信，真是前所未聞。

這封信被層層上遞，最後送到總裁的辦公室。總裁看了信後，一言不發，把它鎖進抽屜。

三個月後，新年來臨，史蒂文斯先生收到一張精美的新年賀卡。上面寫著：「尊敬的史蒂文斯先生，如果您願意，請和我們共度新年。」賀卡是他上次應聘的公司寄來的。

原來，公司出現空缺，他們想到了品德高尚的史蒂文斯。

這家公司就是美國微軟公司，現在聞名世界。

十幾年後，史蒂文斯先生憑著出色的業績一直做到了副總裁。

雖然人人都知道感恩是一種美德，然而在一個步調緊湊，

市儈的社會中，金錢變得好像無所不能的環境下，我們似乎
正在忘記感恩。

　以感恩的心態面對一切，人生也會變得異常精采。

46 / 如果絕子絕孫，
錢賺得再多都沒有用

　　台達電創辦人鄭崇華（1936 年－），不但深信科學、玩科學，更因憂心環境被破壞殆盡，把地球當企業利害關係人。朋友笑他整天談環保，不在意獲利，但成績證實，環保更有商機。

　　鄭崇華說，經營企業主要任務是獲利、對股東負責，但鄭崇華更相信，他的利害關係人除了股東，還有地球。

　　台達電節能產品在過去十年間，共為全球客戶節省了341 億度電，等於減少 1,674 萬公噸碳排。

　　台達電是臺灣第一家企業減碳目標通過科學基礎目標（SBTi）的企業，每次受訪，鄭崇華必定說「節能減碳愛地球」是他經營的宗旨。

　　他對環保為何有如此強烈使命感？

　　2002 年，鄭崇華讀到由美國智庫洛磯山研究院創辦人羅文斯（Amory Lovins）所著《綠色資本主義》，對書中強調「保護環境，才能創造下一次工業革命」觀點深表贊同。其

中，一個數字震撼了他，「在美國，廠商使用的自然資源，只有 6% 製造成產品，其餘都成為廢棄物。」

鄭崇華驚覺，全球新興經濟體，如果所有人都像美國人一樣生產消費，自然資源很快會消耗殆盡。

台達電在全球建了二十七座綠建築及兩座綠色資料中心，節能幅度最高達七成。

「環保不只是利己行為，或為自己跟子孫的生存，更是一種生活方式。」他說。

「如果絕子絕孫，錢賺得再多都沒有用。」鄭崇華曾說。

不斷往前的他，不管後面有沒有人跟上來，都已找到了獨一無二的定位：完美結合環境和企業的先驅企業家！

47 / 時尚誤國

　　拿破崙（1769.08.15 － 1821.05.05），法國軍事家、政治家與法學家，在法國大革命末期和法國大革命戰爭中達到權力巔峰。

　　1804 年自封皇帝為拿破崙一世。他推動司法改革，頒布《拿破崙法典》，這法典對全球的民法制訂產生重要的影響。

　　拿破崙在戰爭中屢獲勝利，以少勝多的案例屢見不鮮，他被認定世界軍事史上最優秀的軍事家之一。

　　拿破崙為何兵敗滑鐵盧，因為胃痛讓身體不適，在戰略判斷時無法集中思緒。為什麼會胃痛？

　　因為他穿緊身褲，壓迫了胃部，讓消化不良。

　　為何身材不好、小腹微凸的他要穿緊身褲？

　　因為這是當時法國巴黎的流行時尚，男士們都穿緊身褲。

　　為什麼男士們要穿緊身褲？

　　因為巴黎的女士們喜歡看男士們穿緊身褲。

　　想不到吧！因為這些女士們的喜愛，讓一個國家的部隊打了一場敗仗！（此說法係屬野史，信不信由你！）

48 / 上半場打不好沒有關係，還有下半場

　　有一位大流氓，從十八歲到二十六歲、臺灣三十八個監獄他待過十四個，無惡不作，被抓到後村里鄰居們還放鞭炮慶祝。

　　1976 那年，二十三歲的他翻牆越獄，逃出岩灣監獄，靠著樹木漂流於海上、上岸後翻過中央山脈逃亡成功，購買 M21 狙擊槍開始四處犯案，越獄八個月後再度鋃鐺入獄。

　　但後來他受到一位女性的兩百多封信的感召（後來成為他的妻子）和室友突然暴斃的震憾，他立誓重新做人，在獄中苦練英文、日語，獲釋出獄後，在基督教勵友中心工作，成為牧師，留學美國、中國，取得了美國北德州大學教育學學士、美國達拉斯神學院神學碩士、美國加州國際神學研究院教育學博士、北京大學哲學博士。

　　開拓四十四間教會、建立神學院，幫助無數黑幫份子回頭及中輟生走入正軌，每年帶領十多萬人信耶穌。

　　他是呂代豪（1954 年－），生於臺灣新竹，祖籍湖北，這是一個動人心魄的真實故事！

49 / 賺得全世界賠上生命，有什麼好處呢

在六〇年代電視未普及時，一位來自花蓮鄉下教會的傳道人，原本只是單純的要為貧窮的教會添購桌椅及修理破碎的玻璃窗。

沒想到因為參加五燈獎比賽，成為臺灣電視公司第一屆五燈獎歌唱大賽五度五關最高榮譽獎得主，一夕成名成為家喻戶曉的明星，她就是溫梅桂。

溫梅桂成名之後，日本的經紀公司以一年十二萬美金優渥的條件邀她去，當時她的年薪不過三百元美金，這是多麼大的金額，可以讓村裡的村民都受益。

她整夜祈禱，希望神給她指示，到了天亮，突然一個聲音：「人若賺得全世界，賠上自己的生命，有什麼益處呢？人還能拿什麼換生命呢？」

於是她安心在臺灣傳道，成立了雅歌宣教中心，一年的佈道會二百多場以上，傳道工作中充滿了見證，許多人生命改變。

後來隨夫婿周衛斯理牧師往返於臺灣、美國、歐洲、中國等地傳福音，曾受邀參加雷根、布希總統的早餐會。

在分享見證會中，溫牧師抱著病患，並苦口婆心的告訴他們：「耶穌說，凡勞苦擔重擔的到我這裡來，我就使你得安息。」她歷經滿滿恩典，希望大家都與她一起活出美好！

50 / 歷史常常讓人不勝唏噓

施琅（1621.03.07 － 1696.03.21）在人君懷疑他時隱忍，在打勝仗時不報復，他是一位傑出的政治家，很多政客落下風時以詆毀攻擊作防禦，得意時洋洋自得落井下石，他的風度值得後人讚許。

施琅的家人被鄭成功給殺了，憤而投奔清朝，竭力要說服康熙皇帝給他部隊和船艦攻打臺灣，當時康熙忙著對付三藩，暫時管不到臺灣。

但當三藩平定，東寧國內因鄭經身故，內亂紛擾，新的繼承人鄭克塽只有十三歲，康熙同意施琅攻打臺灣，在澎湖外海，風向讓施琅的船艦佔上風，東寧王國的船艦大敗，施琅沒有追趕，他寫了一封信到臺灣，要一個月內做出決定，要降要戰自行決定。

東寧王朝希望削髮稱臣，繼續治理臺灣。但施琅拒絕，以往可談條件時，你們堅持不談，現在你們內亂引致敗戰，已經沒有討價還價的餘地。

　　於是，不到一個月，臺灣投降。

　　施琅上岸後，鄭氏王朝擔心被報復，但是施琅趕往鄭成功的墓前痛哭流涕，這一舉動，讓整個臺灣安心。

　　康熙達成統一臺灣大業，兩個原因，一是天意使然，一是東寧內亂，自行種下敗因！歷史常常讓人不勝唏噓！

51 / 法不可容情

　　李光耀（1923.09.16 － 2015.03.23）對老友鄭章遠講了冷冷的一句話：「我若幫你，新加坡就完了。」

　　1986 年，新加坡發展部長鄭章遠被查出私受五十萬賄款。

　　鄭章遠是新加坡元老，與李光耀私交甚厚，事發後立刻找李光耀求情，但李光耀斷然拒絕。

　　鄭選擇了自盡。

　　後來李光耀在一次講話中說，並非是自己逼死了鄭章遠，而是「法不可容情」！

　　鄭章遠在留給李光耀的遺書中寫道：「過去兩週我深感沮喪，我對於這樣的事應該承擔全部的責任，做為一個有尊嚴的東方紳士，我覺得只能用最高的懲罰才能贖罪。」

　　其實，按照當時新加坡的法律，鄭章遠最多也只是會被處十萬元罰款與五年監禁，然而鄭章遠卻選擇結束自己的性命。鄭章遠失去了臉面與尊嚴，寧可結束生命，也不願面對

「恥辱」。

新加坡多年來都是世界最「廉正」之地，然而新加坡並非天生如此。

1959 年新加坡初立時，擔任總理的李光耀環顧四周發出感嘆：「我們病得不輕！貪婪、頹廢盛行，曾為人民而戰的戰士如今卻在掠取……，這國家是正在倒退！」

李光耀當即提出，要打造一個「正直清明」的新加坡。最終讓新加坡成績斐然的原因，除了高薪，最主要的就是「法」。

新加坡各部門所有人員每年 7 月都要進行財產申報，無法解釋的來源均要受查，仍無滿意答覆的就會被判定為「灰色所得」。

新加坡對此懲處，並不僅是罰款監禁而已，而是再也無法在新加坡立足，永遠在新加坡抬不起頭。

當年新加坡被馬來西亞一腳踢開時，新加坡 1/4 的人口

住在貧民窟，地狹人稠沒有資源，連生存都是問題！

　　而今的新加坡能夠成為全球著名的富裕之地，是有其「簡單而深刻」的道理。

　　當知一個國家或企業領導人如果立法不守法，幹部無恥無能兼貪贓枉法，命運可想而知！

52 / 不尊重動物，
病毒與災難終將再次惡性循環

　　珍古德（出生於 1934.04.03）英國生物學家、動物行為
學家、人類學家和著名動物保育人士。她長期致力於黑猩猩
的野外研究，並取得豐碩成果。

　　除了對黑猩猩的研究，珍古德還熱心投身於環境教育和
公益事業！

　　珍古德一點都沒有因為年齡古稀歲而使自己慢下腳步，
一年有 300 天都在旅行的路上，在全世界各地宣揚環境保護
和動物保育的議題，積極教育下一代。

　　珍古德除了致力於黑猩猩研究，也持續投入環境保護及
野生動物保育工作。除了保護世界各國的野生動物和環境，
也幫助人們改善生活。

　　珍古德推動的環保計畫當中，有許多是在協助人們脫離
貧窮，因為她認為社會正義和環保息息相關。

53 / 真正的富裕
是擁有一顆富裕之心

曾經，有人問世界首富比爾蓋茲：「世間還有沒有人比你更富裕？」

蓋茲答：「有啊！有一個人就比我富裕。」

然後他說了個故事……

當年我還沒有錢，也沒有名。我在紐約機場碰到一個賣報紙的小販。

我想買份報紙，但口袋裡零錢不夠，所以決定不買了，就把報紙還給他，我告訴他零錢不夠。

小販說：「這份報紙免費送給你！」在他的堅持下，我拿了那份報紙。

很巧的，兩三個月後，我又抵達同一座機場，發現自己零錢又不夠買份報紙。

那個小販又要送我一份報紙。我拒絕了，我告訴他我的零錢仍不夠。

他說：「拿去吧！這是我從我的利潤裡拿出來的，沒有

賠本。」

十九年後，我出名了，大家都認識我了。突然間我想起了那個小販。

我開始去找他。一個半月後，我找到他了。我問他：「你記得我嗎？」

他說：「記得啊！你是比爾蓋茲。」

「你還記得你免費送我的報紙嗎？」

「記得啊。我送了你兩次。」

我說：「我要回報你當時給我的幫助。你要什麼，只要告訴我，我馬上幫你實現。」

小販回道：「先生，你不覺得你這樣與我對你的幫助不能相比嗎？」

我問他：「為什麼？」

他說：「當我只是個貧窮的報販時，我竟幫助了你；現在，你已成為世界上最富有的人，才試著想要幫助我，你的富幫

忙怎麼能和我的窮幫忙相提並論啊？」

那時，我才忽然領悟到，那個小販比我富裕，因為他沒有等到自己有錢了再來幫助別人。

人們必須明白：真富裕是擁有一顆富裕之心，而不是僅僅擁有許多金錢！

54 / 方法是人想出來的

以《湯姆歷險記》聞名的美國小說家馬克吐溫在未出名時，得知一支旅行團開設了巴黎萬國博覽會、地中海、埃及的行程。

他根本付不出如此龐大的旅費，不過他非常想參加這個旅行團，於是想出一個點子。

他寫出一個企劃案，並將他的一些作品附上，並以「從世界各地發送 50 篇通訊稿」為條件，打動了旅行社，得到全額旅費補助。旅途中所寫下的遊記後來集結成書，獲得了極大的迴響。

有人說，人因有夢想而偉大，但真正把夢想實現，才是真正的了不起！

敢作夢，敢把夢講出來。

夢有多大，能做的事情才會有多大。

但不是人因夢想而偉大，是人因為達到夢想的境界才偉大。

第 四 章

你 還 是 要 做 善 事

55 / 　最受尊敬的領導人

　　德國前總理梅克爾，全球最受尊敬的領導人，她原是一位物理和化學學家，後來變成了政治家。她能說德語、英語和俄語。

　　德國是歐洲聯盟最強勁的經濟體，也是世界上重要的經濟體，每年出口超過 1,550 億美元。

　　然而，她沒有收到免費的國家服務，沒有住房、沒有電力、沒有汽油，沒有娛樂費用，沒有私人廚師，也沒有水，沒有免費電話，她的生活像任何其他德國公民一樣謙卑地過著生活，年復一年。

　　她在柏林一家超市購物。自帶購物袋、付錢，如果她收到停車罰單，她會自掏腰包。

　　有位記者問她，你還記得十年前我拍過你這件衣服的照片嗎？

　　她回答記者，我的任務是為我的德國同胞服務，而不是成為模特兒。

　　想想一些地區貪腐貪婪、吃香喝辣、寡廉鮮恥的政客，你能不搖頭嗎？

56 / 有心就有力

沈芯菱，父母為貧瘠的沿海地區小攤販。早年沒上過幼稚園，因此上了小學更加苦學向上。

自幼半工半讀，自十一歲起投身公益，用電腦和語文創業，從未接受捐款，二十年來獨力支出超過一千多萬元善款，被臺灣民眾票選為十大慈善家、與孫中山先生同列「永不放棄」代表人物，事蹟編十八本教科書。

她以榜首錄取臺、清、交、政等九所碩士研究所，以論文 A+ 畢業於國立臺灣大學新聞所碩士、畢業於國立臺灣大學商學博士學位、在美國哈佛大學商學院高階管理班研究。論文發表收錄於英國牛津大學期刊及 SSCI 國際期刊等權威學術期刊的論文。

《商業週刊》喻其為臺灣版的「諾貝爾和平獎」，《時代雜誌》稱其為「天堂掉落凡間的天使」。公益教學網站，訪問超過兩億次，完成 1,037 所偏鄉校園公益演講，從山巔到海角，深訪村莊部落四十萬公里。並擔任「聯合國志願者」扶助貧窮線下的國家，熱愛斯土斯民，是當代具影響力的草根青年。

出身貧寒，靠自己的努力，努力的成果捐出去給貧困的人，破舊漏水的鐵皮屋不改其志，真是一位可欽佩的年輕人。

57 / 白起輪迴三惡道

　　戰國時代秦國的大將軍白起，善於用兵，戰勝攻取七十餘城，頗為昭襄王重用，因功封武安君。有一次，白起與趙將趙括在長平作戰，假作敗退，奇襲趙軍，並且斷絕趙軍的糧食補給，趙軍大敗。秦軍把趙括射殺，趙國的四十萬敗兵向秦軍投降。可是白起認為這些俘虜仍有反覆作亂的可能，就把這四十多萬俘虜統統活埋了。

　　過了數年，趙國報仇，秦王命白起往攻，白起託病抗命，於是秦王震怒，免除白起的武安君封位，並且給他一把劍，要他自殺。白起說：「我犯了什麼罪惡冒犯了上天呢！」過了一會兒又說：「長平戰役，我一次殺死趙國降兵四十萬人，罪該萬死。」說畢，舉劍自殺。

　　白起死後曾先後在餓鬼、畜生、地獄三惡道中，輾轉輪迴了無數次，受到無量痛苦。不同時期的史書曾經記載：

　　（一）餓鬼道。《高僧傳》記載：唐朝道英法師，於咸亨年中，住在京兆法海寺時，秦莊襄王在餓鬼道中餓了很久，

請求施食，並且還有從者三百多人，一同來求食。道英法師答應了秦王的要求，隔天，備了飯菜，作法施食，秦王果然帶了一批侍從，同來進食，並對道英法師說：「弟子生前罪惡太重，墮落餓鬼道，已八十年未得飲食。」並指著在座的餓鬼說：「這是白起，那是王翦，都是因為生前殺人太多，一同在餓鬼道中受苦。」

（二）畜生道。《群談採餘》一書記載：「吳山三茅觀，有一次在雷雨中，雷電擊斃了一條白蜈蚣，那條蜈蚣有一尺多長，背上有『白起』二字。」《感應篇彙編》記載：「潘從先的友人阮君，看見屠夫宰殺一隻豬，豬皮上有『秦白起』三個字。」

（三）地獄道。《夷堅志》記載：江南陳氏女，從來沒有讀過書，十七歲那年害了重病，臨死前忽然對人說：「我是戰國時秦國的將軍白起，生前殺人數十萬，在地獄中受到無量的大痛苦，最近才投生來做人，然而還只能世世投生為

薄命女子，壽命不超過二十歲。現在我要死了，也是命該如此。」說完就閉目長逝。

　　以上各書的記載，白起死後曾在三惡道中輾轉輪迴，受無量痛苦，並且在三惡道中受苦期滿以後，投生為人，還只能世世作短命女子。殺人所受惡報如此慘重，可不畏哉！可不慎哉！

58 / 一個可敬的年輕人

　　這學生家裡很窮困，爸爸經商失敗後，欠了大筆債務，他媽媽行李收拾收拾就離婚跑人了，留下他和他姊姊，姊姊瞧不起爸爸，也離家出走，留下父子倆相依為命。

　　但他爸爸經商失敗後，為了償還大筆債務，搞到最後連房子都只能用租的，平日就開計程車維生，車子還是用租的。

　　而這學生，高中考上南港高工。他很有愛心，社區的義工、醫院的志工……他都做過，證書獎狀厚厚一疊。

　　他從南港高工畢業後，應屆考上臺科大高分子工程系，他爸爸知道他考上臺科大，很高興，可是也很憂心，因為，他爸爸出不起學費。他爸爸很難過的告訴他，他只能想辦法自己出學費。

　　就這樣，四年來，他沒要他爸爸一毛錢，除了第一學期用助學貸款，每個學期他都拼命的打工好付學費跟生活費，甚至，他還拿錢給他爸爸補貼家用。四年後，他跨組考研究所，成了臺科大的榜首，同時更考上臺大機械系。

　　那天，他去找教授口試，教授一個個問每個來的學生什

麼高中、什麼大學畢業？每個不是建中、臺大、交大，就是竹中、清大，輪到他，他很坦然的說，臺科大。

教授說：「哦～不錯啊！什麼高中畢業？」「南港！」「南港高中？」

他搖搖頭：「南港高工。」教授看著他，點點頭：「好，你進來。」

找完教授，他打電話給正在開計程車的爸爸，告訴他爸爸，他考上臺大研究所了，要他爸爸也要勇敢活下去！

他爸爸接完電話，當場淚如雨下，再也無法做生意，一路開著車回家。

當我們還在計較著怎麼錢都不夠用時，有人這麼辛苦而又勇敢的生活著。

當你沮喪的時候，當你面對困境的時候，當你不得志的時候，再次想想這個激勵人心的見證！

「勇敢面對，心不難，事就不難。」

141

59 / 　不是奇蹟，是心有靈犀

2011 年 12 月佛陀紀念館落成啟用，「普陀洛伽山觀音殿」的千手觀音是立像，是知名藝術家楊惠姍所創作。

佛館的千手觀音，2011 年在安座時有一則靈感事蹟。

原來楊惠姍女士 2009 年捐贈的千手觀音高度是三米，與空間整體比例上顯得不夠，因此她重新製作一尊三米八的千手觀音。

就在新觀音安座當天，才發現本館大門竟然比菩薩還小，任憑工程人員如何絞盡腦汁，試了又試，就是無法將這尊三米八的新千手觀音送進去。現場無計可施，個個面色凝重，於是趕緊去向星雲大師報告。

不久，大師親臨現場，雙手合掌向殿內的三米八高觀音菩薩說了幾句話便返回本山。

就在大師離開後，工程人員決定再試一次，結果竟然輕易的就將菩薩造像送進殿內，現場一陣陣的歡呼雀躍……至今仍沒有人知道，菩薩最後是怎麼進去的！

60 / 有福報的來源

藝人方季惟發願捐獻 108 座佛塔,為世間祈福,在 2015 年已圓滿達成!

她的心得是:「任何人遇到一些責難,都只是對他的考驗;人在享受任何福報時,都必須要懂得感激,有福報的人應該懂得修智慧,否則福報用盡時,就是業報的來臨。」

她也提到:「每個人生下來手上都拿著一個缽,只是乞討的方向不同而已。」

方季惟是臺灣歌影視三棲知名藝人,但是因為她的個性太過低調,所以捐獻 108 座佛塔為世間祈福鮮少人知道,其善良與世無爭個性世間少有。

佛塔遍佈臺灣、五臺山、大理、青海、黑龍江、廣東以及越南等地。

她虔心向藥師佛祈禱並發願:「只要能活下來,就將自己的一切奉獻給眾生,幫助更多的人離苦得樂!只要是對人們有好處的,我都會去做!」

61 / 愛書成癡的人

　　曾有紅軍將領來到史達林住處，看到他桌上堆滿書刊，驚奇地問：「您有時間讀這些書嗎？」他笑著說：「我每天一定要讀五百頁書，才能上床睡覺！」

　　蘇聯齊爾科夫斯基二十歲的時候，靠自學考進一所中學擔任數學老師。

　　校長問他：「你的老師是誰？」他非常神氣地說：「書籍是我的老師！」這位數學家，後來成為人類航空事業的奠基人。

　　阿拉伯著名學者阿維森納，從小愛讀書，後來，他醫道高名譽滿天下。

　　一天君主努赫二世把他請去治病，對他說：「要是能治好我的病，我將以厚禮重謝你。」

　　阿維森納為國王治好病後說：「我什麼禮物也不要，只要能讓我到皇家圖書館隨意看書，就心滿意足了。」

62 / 檢討是重要的事

尤伯連納在舞臺上演出「國王與我」的國王。從 1951 年，直到 1985 年，一共演出四千六百多場。

每一次演出後都要檢討，演員說：我們已經演了這麼多場，何必這麼麻煩呢？

他說：我們雖然演出了這麼多場，但是我們的觀眾可能是他們的第一場，也可能是他們這一生的唯一場。如果我們掉以輕心，萬一有所失誤，那我們就太對不起他們了，這不是我們應該要有的態度，所以我們必須戰戰兢兢的每次檢討。

醫生面對患者，患者期望醫生可以幫他健康。

旅客面對飛機或所有的交通工具，期望駕駛人員把他載回家，平安回家。

一個將一生的積蓄交給理財人員，他們將畢生的安危和倚靠，全寄望在理財人員的專業。

如果因為大意，或者不專業的考量，這可能害了對方的一家人，這是不道德的事，所以每天檢討是重要的事！

在亞利桑那州的大峽谷沙漠裡，有一家麥當勞分店，價格遠高於其他店，但生意很好。

店裡面有個牌子，上面寫著：「因為本地缺水，水從六十英里以外運來，員工薪水也比正常地區高，而且我們要承擔季節性的虧損，容許讓我們的價格較貴，但我們仍然為你提供服務，希望你能認同。」

客戶不在乎價格高，在乎的是內涵，在乎的是售者的誠信！

63 / 捐贈誓言

2020 年耶誕節前夕，美國近四百個非營利組織收到一份突如其來的大禮：亞馬遜創辦人貝佐斯的前妻麥肯琪宣布捐出 41.6 億美元，幫助在 Covid-19 疫情中受到直接衝擊的弱勢團體。

在部落格的公開聲明中，麥肯琪提到，Covid-19 讓既存的貧富差距與社會矛盾持續擴大：「女性、貧窮者、白人以外的族裔，更容易因疫情造成的經濟損失和健康威脅受害；與此同時，富人們的財富卻悄悄增加。」

因此，她和顧問團隊合作，挑出了三百八十四個需求最迫切的團體。有社區的食物銀行、非裔大學、輔導學生的非營利組織等，和傳統富豪的捐贈選擇相當不同。

在她和貝佐斯離婚時，根據華盛頓州法律規定，若無特別協議，夫妻離婚後需平分婚姻期間所獲得的財產。換言之，麥肯琪有權利分得貝佐斯的一半財產。以 2019 年貝佐斯的身價來看，這筆錢會高達六百九十億美元。

但麥肯琪放棄爭取財產分割，讓貝佐斯保有公司的主導權，自己只留下４％的亞馬遜股份，這些股份價值約三百八十億美元成為全球第三富有的女性，不過，毫不戀棧財富的她，隨即開始捐掉這些錢。

　　這夫妻運用財富的方式截然不同：麥肯琪簽署了前全球首富比爾蓋茲所發起的「捐贈誓言」，承諾在有生之年或遺囑捐出個人名下一半的財產。

　　這偉大的行為足堪追求財富之人表率，我們建議財富豐厚之人可以效法這「捐贈誓言」，讓社會多一分的溫暖和資源。

　　也希望已經擁有非凡財富，但仍算計機關，損一般人的權益，爭奪不當利益，不管子孫健康或居住品質的人士，稍稍放下自己的貪念，為自己留名聲，為子孫植福！

64 / 色情害的人越多，業力就越重

一件發生在彰化興毅佛堂的事件：

有一位王太太，女兒有很嚴重的唐氏症，五歲還癱在床上，不會講話。

她與先生帶女兒到處求醫，都沒有什麼進展……

後來，有人渡她一家人求道。

聽完三寶後，她抱著孩子，跪在點傳師面前說：「請救救我們！」點傳師對她說，這孩子業重，妳要多渡人行功，才能幫助她。

常聽道親說，渡人難，這位愛女心切的母親，竟發下大願：「我要渡 1,000 個人來救我的孩子！」

之後，她真的非常努力去渡人……渡到 200 人時，她的女兒會自己坐起來了！渡到 400 人時，她的女兒會站起來了！渡到 700 人時，她女兒快要和一般人一樣正常了！

王太太非常感恩，有一天帶著女兒到佛堂謝恩。剛好當天有一些馬來西亞的道親來朝聖，其中一位是印度人，這

印度人看到小女孩，就過去跟她打招呼，沒想到，這女孩竟然開口說話了！

她說的話，她的母親完全聽不懂，不可思議的是，這位印度道親卻聽得懂！

他說，這女孩說的是印度某一種方言，他也是來自那個地方，所以聽得懂。

印度人問小女孩，你怎麼會講印度話？這孩子告訴印度道親，她前世是以前印度一位專門寫情色小說的寫手，印度道親也聽聞過他的。

大家都為這小女孩的事嘖嘖稱奇！

而經過這件事之後，王太太更確定女兒是因為前世的業力，才會得這麼重的病！而她渡人功德的迴向，真的能幫助女兒消除業障！王太太對道更有信心了，於是她繼續積極的渡人，渡到 800 人時，她的女兒已經完全正常，可以去上學了！並且這孩子從可以走路開始，就自主地堅持吃素，一直

150

沒有改變，後來唸到大學畢業，現在已經四十多歲了。

上天的安排真是妙，因為小女孩的母親無限的愛心，努力渡人，減輕了女兒的業障，而使女兒原以為不會好的病，能奇蹟式地好起來，並且，又那麼難得的與聽得懂小女孩說話的印度人來朝聖，並與他們相遇來見證業力的可怕。

上天慈悲成全了王太太一家人、臺灣的道親，及馬來西亞、印度的道親，真是太棒了！

小女孩前世寫情色小說，當時越受歡迎，害的人越多，她的業力就越重！

幸好她的母親不放棄希望，救了她。這真是一個讓人警惕的好實例！

65 / 多感恩，少埋怨

一天，一位作家坐上了一輛計程車。司機穿著很體面，車裡也非常乾淨。

剛剛坐穩，司機大哥給他一張卡片，上面寫著：在友好的氛圍中，將我的客人最快捷，最安全，最省錢地送達目的地。

看到這句話，作家高興的和司機聊了起來。司機還說：「請問，你要喝點什麼嗎？」

作家詫異：「這輛車上難道還提供喝的嗎？」

司機微笑著說：「對，我不但提供咖啡，還有各種飲料，而且還有不同的報紙。」作家說：「那我能要杯熱咖啡嗎？」司機從容地從旁邊的保溫杯裡倒了一杯熱咖啡給這個作家。再給他報紙的名稱和各個電臺的節目單的卡片。

簡直太有意思了。作家問他為何這麼貼心。

司機說：「其實剛開始的時候，我的車並沒有如此服務。我像其他司機一樣，愛抱怨，天氣啊、微薄的收入、堵車、

客人的態度！我每天都過得很糟糕。

有一天，我偶然在廣播裡聽到一個故事，改變了我的觀念。

那個廣播節目請了一位成功學大師來介紹他的新書。那本書我到現在都記得名字，它叫《心誠則靈》。

書中闡述了一個觀點——『停止在日常生活中的抱怨，會讓任何人走向成功。』

他讓我突然醒悟，我的糟糕情況其實都是自己抱怨造成的。

思考之後，我決定停止抱怨，開始改變。結果是，當我改變態度後，我的命運和收入都改變了。

第一年，我微笑地對待所有的乘客，我的收入居然翻了一倍。

第二年，我發自內心地去關心所有乘客的喜怒哀樂，並對他們進行寬慰，我的收入更加翻了一翻。

第三年，也就是今年，我讓我的計程車變成了全美國都少有的五星級計程車。

　　除了我的收入，上漲的還有我的人氣，要坐我的車，都需要提前打電話預約。而您，其實是我順路搭載的一個乘客。」

　　你聽到這個故事，有想到什麼嗎？在我們的職場裡，同仁常因為在外面得到的委屈，回到公司後大肆埋怨。

　　要知道埋怨是負能量，佛家說，一次埋怨會折抵三善，就是你做三件好事被抵銷掉了。基督教也講：「喜樂的心乃是良藥。」客戶拒絕是常態，要當作是助力，讓我們知道哪裡有問題，哪裡有過錯。

　　我們要多感恩多祝福，祝福客戶、祝福主管、感謝主管、感謝客戶，只有改變才可以創造更多的福份，創造更美好的明天。

66 / 不可思議的信仰力量

2016 年 2 月 6 號淩晨三點，農曆新年將要來到時，臺灣臺南發生大地震，諸多大樓倒塌，115 人死亡。陳美日女士和她姪兒是此次最後被救出之倖免於難者。

陳美日，二十八歲，越南人。因為姐姐嫁到臺灣，加上自己為成功大學之交換生，畢業後於此地就職，因此長期住在臺灣。

此次 206 大地震之經歷，之前都婉拒任何採訪，不過此次的唸佛感應事蹟，認為理應向大家分享，才把神奇經歷報告出來。

她接觸佛法大概是在兩年前。在附近的佛堂，聽聞法師開示，參加共修。對佛理了解的並不太多，只是聽到法師常常說要唸佛，唸佛就可以往生到阿彌陀佛的西方極樂世界。對唸佛的理解大概就是這樣。

2 月 6 日晚上，她和八歲小姪女一起睡的。就在熟睡之際被劇烈搖晃所震醒，還來不及想什麼、做什麼，察覺到下

半身被床鋪壓住，根本沒辦法動彈。

　　被困之時，一片黑暗，一點點光線也沒有。當時她非常害怕、慌張、恐懼。還想到死後會變成怎麼樣？會到哪裡去？以前一直覺得還年輕、還有明天、還有時間，總覺得意外、災難與自己牛馬不相干。又想到自己的父母：「若死了，爸媽怎麼能承受這種白髮人送黑髮人的傷痛呢？」

　　地震發生了沒多久，突然聞到一股很濃的瓦斯味，都快無法呼吸了，而且那個時候，頭部流出很多血，感覺非常地暈眩。當時她以為已在死亡邊緣，所以這個時候，開始心中一直唸佛、一直唸佛。

　　過了一會兒，瓦斯味開始退散，頭也不暈了。但，水突然從上面一直流下來，幾乎掩到嘴巴。身旁的姪女，很著急地跟她說：「阿姨！水淹到我的耳朵了！我不想下地獄，你趕快來救我好不好？」

　　她跟姪女說：「你要相信阿姨，跟著阿姨唸佛，佛菩薩會來接我們去更好的地方，我們會到西方極樂世界去，你跟

著我唸佛就可以了！」姪女聽後，也開始唸佛，但是唸沒多久就累了，要求她唸出聲給她聽就好，而且還要唸有旋律的佛號聲。

她當時心裡就想：阿姨快要沒力，還來這一招。但是奇蹟的是，過一會兒，水就停止流下來了！這個時候她聽到姐姐和姐夫的聲音，表示已經有人來救他們，並且隔著牆交代放心，他們出去後會馬上叫人來救。所以她們帶著希望地等待。

後來有人呼叫名字，但是不管怎麼樣大聲響應，就是聽不到聲音。搜救人員已經來來回回叫很多次，都還是沒聽到聲音。

這時她已經絕望了，姪女又一直哭，當時的她身體很痛，心更痛，因為連自己的姪女都沒辦法救出來，很無助，心裡就想：難道兩個人就這樣被折磨到死嗎？心情可以說快崩潰了，身痛心痛幾乎無法唸起佛號。

這個時候，她想到過去自己造了很多惡業，殺了很多眾

生。這些眾生被殺時，不也是跟她現在一樣恐懼害怕嗎？想到姪女的苦，想到在這維冠大樓裡可能還有很多人跟她一樣被困受苦，想到眾生種種的苦，這個時候她才慢慢地平靜下來，跟自己說：「為了自己、為了姪女、為了眾生，一定要提起佛號！」

就這樣一直唸佛，大概過了幾個小時後，終於有人呼叫她的名字，並且說這是最後機會了。她馬上回答：「有，我在這裡！」終於有人發現了她們，把她們救了出去。後來才知道，當時距離地震發生已經過去六十個小時了。

經過大地震、大樓倒塌被壓埋、受傷、水淹、瓦斯爆炸、多次無人發現、經歷三天六十小時受困，兩人能安然度過，只能說這是一個奇蹟。除了感恩救難人員不離不棄地搜救，毫無疑問非常感念阿彌陀佛的護念。

歷經此番劫難，她親身體會到這種可怖又迅疾的無常，體會到這些沉痛的世間苦難，對「人身難得」這句話有了更深切的體會。

67 / 信念的偉大

在《牧羊少年奇幻之旅》書中，撒冷之王（上帝永遠的祭司）告訴牧羊少年聖狄雅各：「天命就是你一直想去做的事。它能淬鍊你的精神、砥礪你的願力……只要你真心渴望一樣東西，就放手去做，因為渴望是源自於天地之心；因為那就是你來到這世間的任務……完成自己的天命，是每個人一生唯一的職責。萬物都為一。當你真心渴望某樣東西時，整個宇宙都會聯合起來幫助你完成。」

你的天命是什麼，你該有反思。你的動機，決定你的生命成就。

你該挑選一件事：「可以協助自己及他人身心靈能量向上提升的事。」然後每天貫徹執行！

亨利福特說：你意念的磁力會把成就事業的因素吸引過來。持續不斷集中心念在有志於完成的事物上。光是如此，事物本身就會自動達成，因為心念是事物的實體，也可以說心念就是事物！

越戰時有個美國大兵被俘，高大的身體被塞在一個木籠

裡，這一塞就是七年。一般人早就瘋了，但他不但沒神經錯
亂，反而在回到美國後打高爾夫球時，從以前的九十幾桿進
步到七十幾桿。

　　他說，剛被關的第一個禮拜，他的精神幾乎崩潰。但想
到家鄉有母親在等他，他必須活著回去，一定要勇敢地撐下
去。

　　於是他想到最喜歡的高爾夫球，每天去想像自己去打高
爾夫球的樣子和程序，從揮球、推球、彎腰、走路，十八個
洞每個步驟都不省略。

　　天天如此，結果精神狀況良好，心情愉悅，球技也進步
了，說來神奇，但這就是信念的因素。

68 / 你還是要做善事

德蕾莎修女說：即使你是友善的，人們可能還是會說你自私和動機不良。

不管怎樣，你還是要友善。

即使你是誠實的和率直的，人們可能還是會欺騙你。

不管怎樣，你還是要誠實和率直。

你今天做的善事，人們往往明天就會忘記。

不管怎樣，你還是要做善事。

2008 年，星巴克的執行長霍華，發現他們正逐漸失去當初星巴克成功的「戲劇性浪漫要素」。

他認為若要遏止這種現象，就必須讓該公司回歸原點，於是在一個星期二的下午，他下令星巴克旗下的七千一百間店鋪不對外營業，開課讓十三萬五千名咖啡師學習完美的濃縮咖啡製法，這麼做讓公司當天損失六百萬美元的收入。

但令人驚訝的，星巴克從 2008 年到 2011 年，締造出股價上漲 400% 的驚人紀錄。

一家企業或一個社會人，不可以忘了他生存的價值和經營的初衷！

69 / 努力到無能為力為止

　　義大醫院杜元坤院長，有人稱他是瘋子，每月開刀數是一般人一倍以上，自費到澎湖義診，腳受傷了，看完病人後才自己動刀，不麻醉，自己操刀自己縫合，旁邊助手都快暈倒！

　　杜院長驚人的行徑，太讓人不捨和尊敬，完全不顧自己的生命，三十年來捐出都薪水的一半，超過臺幣億元以上，還要在身故後把遺產全部捐出去！

　　他說他在和老天爺搶人，他不會把自己不要的給人，他把自己最喜歡的送人，包括生命！

　　「我無法站在高處，看到人們痛苦而無動於衷！」、「如果行善會受傷，我寧可選擇受傷！」

　　他說，他一天睡不到四個鐘頭，不能早睡，因為怕少救一個患者。他不能睡晚一點，因為不能延誤帶學生查房的現場教學。

　　在高雄，澎湖的病患來找他治病，太麻煩了，他乾脆每

個月帶學生和護理人員過去，他說做有意義的事，不能一個
人做，要後輩在旁邊學著。

　　人稱他是「紅包醫生」，不是他收病人紅包，是他給病
患和偏鄉醫護人員紅包。

　　他的手開刀、拉小提琴、打橄欖球，還在睡前看書用手
機寫日記。

　　除了他的書《世上最快樂的工作》，他還推薦《善意之
書》、《德蕾莎修女：一條簡單的路》、《山屋憶往》、《特
斯拉：點亮現代世界的傳奇》等。

70 / 冥冥之中，有你無法解釋之事

1950 年，一對王姓夫婦從金門到臺灣，在金門的時候，路上收留了一位三歲的小孩，沒有父母認領，於是帶到臺灣當作義子，一家三口過著幸福的生活。

1951 年某一晚上，王先生突然睡夢中驚醒起來，呆呆出神，他太太也被驚醒，問是什麼原因。

王先生說，我剛做了一個夢，夢見一位軍官到我們家來，說是在廈門作戰陣亡，他的孩子流落在金門，幸虧我們收留，才保全他的骨肉，特來道謝。並說在臺北市中山北路二段雙城街的某一戶「林之北」家中，有一口皮箱，裡面有新西裝、美金、銀元若干，請你們用楊某的名義去取。

王先生還沒講完，太太立刻說奇怪，我也夢到完全一樣的情節。

兩人覺得很怪異，本來認為作夢當不得真，但隔天坐立不安，終於到夢中所講的那個地方，一到該地址，門口赫然掛著「林之北」的名牌。

　　他倆進去還沒開口，林先生立刻說：你們來得正好，我這幾天夢到我的朋友說有一對王姓夫婦會來拿他的箱子，他在 1949 年廈門當軍官，托我把他的箱子送來臺灣，本來還通訊幾次，後來就中斷了。但這半個月我的夢中一直見到他。

　　王姓夫妻也愣住了，當場把箱子打開，裡面物品和夢中所講一點都沒差！

　　這離奇故事王姓夫婦後來逢人便提，告誡人們，人在作，天在看，所作所為需存良知，冥冥之中，有你無法解釋之事，不可昧良知而行！

71 / 遇緣號放生

　　林先生放生海龜，居然十六年後，海龜在海難中救他的兒子。這事詳細記錄在《阿彌陀行刊》七十七期。

　　林先生在基隆開了一家「遇緣號」商店，有一天，鄰居漁夫們抓到了一隻大海龜，林先生見待宰的海龜，抬起脖子像是對人磕頭，眼睛還流下了眼淚。

　　林先生起了悲憫之心，把海龜買下，請人把它送回海裡，為了擔心又有人把它抓來，在龜的甲殼上了「遇緣號放生」這五個字，表示這是有人放生，不可傷害！

　　海龜放入海中，頻頻回頭向林先生再三磕頭致謝。大家看了這龜如此靈性，於是彼此約好，以後遇到大龜，不捕、不宰、不食。這「三不」的口號，到今天還留在當地人口中。

　　事情過了十六年，林先生的公子，從日本乘輪船回臺，不料船觸礁沉沒，船上乘客一百多人，被大海吞沒了九十多人。當沉船的剎那，滿船人驚叫、呼救聲音震耳欲聾。

　　林公子雖然會游泳，但是海浪太大，他在海浪中翻滾，

眼看就要滅頂。忽然間他感覺到身體好像被托起，一看，一隻大海龜載著他。又看到龜的背上竟然寫著「遇緣號放生」五個字。

原來這是父親當年所放生的那隻海龜，忽然間，他的心情由恐懼轉變成無限的安心，原來海龜是來救他的。

於是他抱著那隻海龜，口中唸著佛號，在狂風大浪中讓海龜奮鬥著載他上岸。

在茫茫大海中，海龜怎知道恩人之子遇難呢？

動物靈性不可思議，因緣果報也難以想像，這件事給我們什麼啟示和思考呢？

72 / 老天給錢他不要，
那就再給多一點

不論你信不信命理，但名歌手蕭敬騰的報導會讓你感慨萬千。

張小燕是臺灣的影視一姐，培育新人時，有時要看看此人的生辰八字。

2007 年時本來要簽下蕭敬騰，但被精通命理的某大師制止，說道：「這個人的八字那麼爛，歌唱比賽也沒得名，小燕姊已經六十多歲了，還要勞心費力砸錢當他的經紀人嗎？」

小燕姊考慮了三年，爛八字輾轉到了某位師父的手上，給的答案是趕緊簽約。

隔年他拿到了臺灣的金曲獎、大陸視頻風雲端、香港電影金像獎、新加坡金曲獎、馬來西亞海外最佳演繹歌手獎，連續獲頒臺北市善心人士獎。

他也是「中華民國十大傑出青年」。

蕭敬騰，他的出身雖然不好，八字也普通，但師父告訴張小燕，這位小老弟雖然在民歌餐廳苦熬，但他有別人很難

做到的兩個優點——初心、包容！

　　他賺的錢八成捐弱勢族群，每個月做 100 個小時的公益，當年在民歌餐廳駐唱的時候，每晚都把小費捐給萬華的遊民，請他們吃飯。

　　從他的事業宮、福德宮、財帛宮，看出了他很努力卻「沒有存到錢」。

　　但一位天眼通的師父說：「老天給他的錢，居然他不要……那就再給多一點，加金、加名、加壽！」

　　很多人要多金，要有名氣，要長壽。到處算命、改名、風水，倒不如像蕭敬騰一樣多一些善心吧！

第 五 章

遺蔭庇護子孫

73 / 良心與財富，你該如何選擇

　　一個 2 月早春的傍晚，滿天濛濛雨雪，塞納駕著車，從波特蘭趕往謝里登簽一份訂購合同。這是經過三個多月的艱苦談判，幾經磨難後才取得的成果。

　　到了約定的地點，停車時，他從燈光似乎看到車輪有異樣的東西。湊近時，他聞到了一股刺鼻的血腥味。他用手一摸，真的是血！

　　塞納嚇了一跳，一下子緊張起來，難道是自己疾駛中撞上了人？

　　他反覆回憶，似乎沒有車子碰撞物體的印象，可車輪上的血跡卻是真的！

　　塞納在近在咫尺就可到手的財富與車禍之間，他幾乎沒有猶豫，如果他不及時找到那個可能被他撞傷的人，後果會多麼可怕！

　　憑著一個基督徒的虔誠，他立馬上車，調轉車頭，沿著走過來的路仔細地查看。這時，等待簽約的對手打來電話，

問他為什麼不守時間，催他快一點！

　　塞納解釋說，自己有急事，等會兒就到，懇請原諒。

　　對方大為光火，叫道：「見鬼去吧！你這個不守時的傢伙！」隨即掛了電話。

　　那可是一筆 300 萬美金的合同啊！他真想飛奔過去，這個合同對他來說生死攸關！

　　可是，他還是驅車上路了。他的眼裡，似乎看到了躺在血泊中的傷者，痛苦的呻吟，人命關天！

　　在大霧瀰漫的夜色中，塞納邊開車邊沿途察看。最後，在高速公路行程近一半的路邊，他真的看到了一個黑影躺在那裡！

　　他趕忙停車下去，躺在地上昏迷不醒的是一位十三四歲的女孩，她的頭部受了傷，血流了一地。塞納抱起這個女孩，把孩子送到醫院。經過搶救，孩子暫時脫離了生命危險，但還是昏迷不醒。

警方聯繫上了女孩的父母，這對愛女心切的夫婦不問青紅皂白，咆哮著衝向他，暴打塞納。塞納不做辯解，流著眼淚默默忍受。

　　他被打得鼻青臉腫，吐出了兩顆帶血的牙齒，他回到家，家裡人都說他太傻，既然沒有事實證明他是肇事者，何苦要把責任往自己身上攬？

　　塞納並沒多做解釋，他放著生意，每天在醫院陪護那位名叫凱瑟琳的受傷女孩，並支付了所有的醫療費用。塞納寸步不離地守護了凱瑟琳二十六天，花費了 3.8 萬美金的醫療費。第二十七天，凱瑟琳終於清醒過來，並且向人們說出了事實的真相：

　　事發當天，她背著畫夾到郊外寫生，返回途中，她記得很清楚，她是被一輛迎面駛來的瘋狂紅色摩托車撞倒！

　　警察記錄了她的敘述，又調取了當天街道上的監控，從監控的錄像中，確認了女孩的敘述，並找到了那肇事的紅色

摩托車車主！

　　塞納車輪上的血跡，只是車經過凱瑟琳身邊碾到了淌在
地上的血！

　　事情真相大白，女孩的父母抱著他痛哭，他不是肇事者，
而是這女孩的救命恩人！如果不是他的及時返回，並把孩子
送到了醫院的急診室，這女孩早就沒命了！

　　這事件感動了整個美國，他的命運也因此改變。商業訂
單如雪片一般飛來，讓他應接不暇。

　　所有的人都相信，和這樣的商人一路同行，那一定是一
條通往天堂的路！

　　在接受當地電視臺採訪時，塞納對記者的回答如此簡單：

　　當時我只想到，如果我不返回查看，我一輩子都不會安
心，我這樣做只是為了讓我安心，在商業利益和人的生命面
前，我別無選擇！

74 / 只要正直，上帝就會守護著你

　　成功的人，是因為用自己的手撒下幸運的種子。失敗的人，也是用自己的手撒下不幸的種子。

　　成功的人有正確的人生羅盤，信仰、思想、態度、信念，並且根據生命的羅盤，選擇正確的方向，朝自己要的方向勇往直前！

　　失敗的人，沒有羅盤，隨風而飄，魯莽的往錯誤的方向隨意亂衝！

　　海倫凱勒的指導老師是安妮，她把一個又聾又啞又暴躁，別人認為無藥可救的人改變為受尊敬的人！

　　安妮如何作到的？

　　她以第一名的成績從帕金斯學院畢業，她代表畢業生致詞時說：

　　「只要正直，上帝就會守護著你！」

　　「我希望能夠主動承擔世上的重擔，盡一切力量去貢獻社會！」

75／ 萊卡自由列車

　　二戰時期，萊斯相機（萊卡前身）主席恩士特・萊斯二世悄悄建立了一個隱秘的猶太難民逃離路線：將猶太人偽裝成萊卡員工，再「派遣」到國外，歷史學家將這一路線稱為「萊卡自由列車」。

　　萊卡在二戰時期名義上是納粹政府的重要合作夥伴，當時的恩士特・萊斯二世卻在暗中不斷幫助猶太人逃離納粹的魔掌。從希特勒 1933 年成為德國總理大臣，恩士特・萊斯二世便不斷接到來自猶太員工的電話，請求他幫助自己全家離開德國。

　　作為一名基督徒，為了幫助猶太員工安全離開納粹的統治，他悄悄建立了「萊卡自由列車」。通過萊卡自由列車，不僅萊卡員工，連零售商、員工家屬甚至親友都被「派遣」到萊卡公司在法國、英國、香港以及美國的分公司。

　　1938 年 11 月的水晶之夜發生後，恩士特・萊斯二世加快了猶太人轉移工作。這些猶太員工通過水路到達紐約口岸，

然後再投奔萊卡曼哈頓辦公室，萊卡當地工作人員則儘快幫這些猶太員工在相機行業找到新工作。

每一個到達新陸地的猶太人都掛著一臺被贈送的嶄新萊卡相機，價值昂貴的相機能夠幫助這些新移民度過初期最艱苦的日子。

除此之外，在這些猶太難民找到工作之前，還可以從萊卡公司領取一份補貼。得到救助的猶太難民包括設計師、技術工人、營業員、商人以及攝影業猶太作家等。

「萊卡自由列車」在 1938 至 1939 年救助的猶太難民數量達到高峰，幾乎每幾周都會有一批猶太難民通過萊卡公司的派遣離開德國，一直至 1939 年 9 月 1 日納粹關閉德國邊境。

萊卡家族一直不允許媒體對這些歷史進行公開，這一事實直到七十年後在 2002 年的美國徠卡歷史學會（LHSA）年會上才被一位名為喬治的作家披露。

在恩士特‧萊斯二世救助猶太人的行為披露後，歷史學

家將他稱為相機行業的辛德勒。

　　萊卡是一家有道德良知的企業，將會在歷史被牢記，相較一些為利益不計一切的公司，他們會長久留芳於世！

76 / 五歲小女生救助百萬人

　　有一個女孩，凱瑟琳，2006 年時她五歲，一天，她在家裡看電視，電視上正在播非洲的紀錄片，講到非洲每三十秒鐘會死掉一個小朋友，凱瑟琳就在沙發上算 1、2、3、4……算到 30 的時候，她開始發抖，她媽就問她說：「妳在幹嘛？」

　　她說：「非洲死了一個小朋友！」

　　她媽媽趕緊幫她上網查，告訴凱薩琳：

　　「瘧疾很可怕，小孩得到瘧疾很容易沒命。」

　　「那小孩為什麼會得瘧疾？」

　　「瘧疾是靠蚊子傳染的，非洲蚊子太多。」

　　「那怎麼辦？」

　　「現在有一種泡過殺蟲劑的蚊帳，有它就可以保護人不被蚊子咬。」

　　「那他們為什麼不用蚊帳？」

　　「因為這種蚊帳對他們來說，太貴了，他們買不起。」

　　「不行，我們必須要做點什麼！」

過了兩個禮拜，凱瑟琳幼稚園老師打電話給媽媽，說凱瑟琳的點心費都沒有交。

凱瑟琳說：「我不吃點心了，我也不買芭比娃娃，我要去買蚊帳！」於是媽媽帶她去買蚊帳，因為要寄送，查了一下發現有個「只要蚊帳基金會」，專門送蚊帳去非洲，後來凱瑟琳得到謝卡，成為最年輕的捐贈者。

凱瑟琳想著，如果捐十頂蚊帳就可以有一張獎狀，那她就把舊書、舊玩具拿出來賣，她有一張獎狀的話，別人也應該有一張，於是她動手畫了十張獎狀，結果第二天東西就全賣光。

凱瑟琳開始到處去募款，但募到的錢，遠遠不夠非洲使用，於是凱瑟琳寫信給比爾蓋茲：「親愛的比爾蓋茲先生，非洲的孩子如果沒有蚊帳就會死掉，但是他們沒有錢買蚊帳，聽說錢都在你那……」

她還畫了一張獎狀給比爾，結果，比爾拿出三百萬出來

支持這個活動。

　　五歲的凱瑟琳等於救了超過一百萬個非洲孩子，現在非洲有一個村叫做凱瑟琳蚊帳村，因為裡面的蚊帳全是她的名字。

　　只要善心，五歲的小女生能救助百萬人，若是惡心，會害死無數人！世界可以因為你而改變！

77 / 慈善家田家炳

他把自己從億萬富翁捐成了窮人，但子女都謹遵父親的話：「留財富與子孫，不如積德於子孫。」

他是被稱為百校之王的田家炳（1919-2018，享年99歲）。

他在大陸捐建了93所大學，166所中學，41所小學，19所專科學校，以及圖書館和幼兒園1,800多間。在臺灣、東南亞和全球多地，也留下捐贈的校舍。數十萬原本只能在山溝裡放牛種田的孩子，因為他的善行，命運徹底改變。

為了捐款，他和夫人從豪宅搬進了租屋，每個月生活費控制在三千港幣，沒有私家車，坐地鐵上下班，一套西裝穿了十幾年，電子手錶舊到不能示人。

1919年，田家炳出生於廣東大埔，客家人，十六歲那年父親病逝，田家炳輟學經商養家。

他在越南賣過瓷土，也在印尼辦過塑膠廠。1958年，田家炳定居香港，填海造地，建起了田氏化工廠，後來成為名震四方的人造革大王。

1980 年，田家炳已經是億萬富翁了，那是香港財富積累的黃金年代，無數的富翁在擴張商業版圖，但他走了一個截然相反的決定，他將手裡的實權移交給了子女，自己退居二線，把全部重心都放在慈善事業上來實現童年的心願。

　　那個時候香港早已經是高樓林立，教育模式多樣，而回到老家的田家炳，卻親眼看到大陸的落後，很多地區都沒有學校。

　　想到自己無書可讀的童年，田老先生火速開始籌備自己的基金公益。

　　1982 年，他成立了純公益性質的田家炳基金會，大手一揮，豪氣捐出了四棟價值十多億的工業大樓，這是他全部財產的百分之八十。

　　別人賺錢是為了更好的生活，而田家炳賺錢是為了捐更多的錢。

　　若不是早有遠見，成立了專門的慈善基金。捐贈名下物

業，並且用心的經營，讓基金保值增值，否則田家炳恐怕早就無力可捐了。

即使這樣，他還是一不小心錢不夠。

1997 年，金融危機重創香港，為了不耽誤捐贈項目的進行，他一咬牙，賣掉住了近四十年的香港黃金地段的大別墅。

子女知道這件事，從各地回來，苦苦哀求父親不要賣掉，因為這棟房子承載了幾代人的奮鬥和記憶，田家炳充耳不聞，他不但要賣，為了儘快出手，他還要賤賣。市值一億兩千萬港幣，僅僅標價五千三百萬。買方得知田老先生的故事後，十分感動，主動增加了四百萬港幣。

別人問他，您這麼做值得嗎？他的回答毫不猶豫。這棟別墅賣掉可以變成二十所學校。

田家炳對兒女的教育十分嚴苛，他的長子曾經回憶說，雖然從小是在洋房裡邊長大的，但是父親很少會給他們零用錢。

長大之後，身邊的朋友都在爭奪家產，他們卻繼承了父親的那一句話：「留財富與子孫，不如積德於子孫。」

　　田老先生，從來不以德自居，推掉了幾乎所有的採訪和表彰。但是有一件事他很願意去做，就是被邀請參觀自己冠名的學校。聽著朗朗的讀書聲，走在學校乾淨又整潔的長廊裡，被孩子們喊著田爺爺好，簇擁在孩子中的時候，所有苦難都會煙消雲散。

　　在田老先生生命的最後時刻，基金會給他一張明細表，上面密密麻麻老先生捐贈過的學校的名單，他看到之後，用手指慢慢的劃過這些名字，靜心的聽著工作人員介紹學校的近況，那一刻，他笑了起來。

　　1994 年，中國科學院紫金山天文臺將第 2886 號小行星命名為田家炳星。

78 / 遺蔭庇護子孫

一早來自桃園的同事跟我說,她女兒發生重大事件,差一點要了命,因為事出突然,又是真人實事,讓我不寒而慄。

事情發生在上禮拜,突然間三十歲已結婚的女兒暈倒,先生趕緊送到桃園當地醫院,醫生叫他們立刻轉送往大型的教學醫院,而教學醫院的主治醫生告訴他們,必須要立即開刀,如果是開腦,費用健保可以支付,如果從鼠蹊部進入處理,必須自費二十萬。

家人選擇用自費,但醫生還說,可能只有兩個結果,要家人有心裡準備。

一個是救不回來,一個是終生癱瘓。

但結果卻是大迴轉,出現了第三個結果。

本來預計四到五個鐘頭的開刀時間,只用了兩個鐘頭就清除瘀血了,而且送進加護病房後,也是預估要住上五到七天,但是只兩天就可以轉到一般病房。

怎麼會有這樣的變化呢?

古人說：「人在做，天在看。」又說：「先人遺蔭，庇護子孫。」

　　因為我這一位同事，她的保險年資高達四十年了，平常態度和靄，講話輕聲細語，每月都有不錯的績效，而且常到醫院做志工，女兒倒下去的那段時間，她還在慈濟醫院的加護病房裡服務，裡面不能用手機，不知道外面家人已經一團亂了。

　　有如此的好結果，我認為這是因為她長期盡本份、盡職守，推廣人壽保險，用保險為人們提供保障，加上她長期在醫院裡為陌生的民眾服務，她種下了福德，讓她女兒得到福報。

79 / 人活到極致，一定是素與簡

人活到極致，一定是素與簡。

人活著有三個層次：第一個層次：活著。

第二個層次：體面地活著。

第三個層次：明白地活著。

周潤發活到了第三個層次。

你知道周潤發出道以來賺了多少錢嗎？

一個訪談節目時發嫂透露：「一共有五十六億。」

這個身家簡直讓人驚駭。

但更讓人驚駭的是發嫂後面一句話：

「我們已把這筆錢百分百捐了出去，已設立好慈善基金會，手續也辦妥了。」

五十六億，全捐，真是厲害。

曾有人問發哥：

「發哥，你賺這麼多錢，給誰花呢？你又沒孩子……」

周潤發笑了笑，說：

「這些錢不是我的，我只是暫時保管而已。」

「不是你的，暫時保管，啥意思？」現在，終於知道答案——做慈善。

周潤發向來行事都走平易近人路線，他在香港平時會搭地鐵、到市場買菜，私下穿著也相當樸素，遇到粉絲都會親切打招呼、玩自拍。

熱愛運動的他，近日與好朋友元彪相約爬山，結束後到飲茶餐廳休息，有民眾認出後，各個向前包圍搶合照，而親民的周潤發也都來者不拒。

有人說，要看一般明星到市中心的俱樂部，但要看到周潤發，到一般的餐廳或地鐵就看得到！

人活到極致是素與簡，講得容易，行之不易，周潤發，發哥，給我們很好的示範。

80 / 陳樹菊捐出**1,500**萬元的保險單

臺灣最受尊敬的賣菜阿姨陳樹菊，2021 年疫情緊張時再捐出 1,500 萬元的儲蓄險保單，加上原先捐贈的現金 1,200 萬元，2018 年捐出價值 1,600 萬元的儲蓄險，共累積捐款達 4,300 萬元（約人民幣一千萬、美金一百五十萬）。

1951 年出生的陳樹菊從十三歲起，在臺東市中央市場擺攤賣菜，直到 2018 年才退休，五十多年吃白飯配豆腐乳，苛待自己卻樂於助人，辛苦所得，幾乎都用在捐款行善。

十三歲國小畢業那年，母親難產送醫，等不到湊足五千元的保證金就斷氣了；六年後，就讀國小四年級的弟弟重病，同樣因家貧未及就醫而過世。

雖然臺灣早有健保，但部分負擔對窮人來說仍然沉重。因此，她早就發願要成立貧戶就醫及弱勢產婦照護兩大基金，並以投保儲蓄險的方式來支應。

陳樹菊投保的儲蓄險保單全屬於身故保單，未來只要錢進來，專戶就會啟動執行。

每個人在一生中，大都會有心願，希望能夠幫助學校、孤兒院、老人院、教堂、寺廟或比他更辛苦的人們，但往往心願未了，或種種阻力，留下遺憾而沒有留下遺愛。

　　留下保險受益金是最方便，自己最可以掌握的善行，陳女士的善行給買了很多保險的民眾和從事保險工作的朋友，這是非常好的指引！

81 / 慈善為志向

讀者文摘約五十年前曾經刊登一篇爾莎·懷特的故事。

她身高只有四呎半（約 137 公分），父親原來是奴隸，但她相信人生在世，應該以服務為目的，她的座右銘是「每個人的一舉一動，都應該隨時隨地盡心盡力為所有人著想！」

她做過教師、開過百貨商場、也開過洗衣店、職業介紹所、不動產經紀、保險經紀等。經過畢生努力，她的財產總值超過一百萬美元（目前價值約一億），但是大多數用來作福利措施，她一生都在幫助別人，輔助貧困的人，但是她幫他們向上，而不是施捨救濟品。

她深信《聖經》上的一句話「你們若常在我心裡，我的話也常在你們心裡，凡你們所願意的，祈求就給你們！」

這是一個讓人自省的好範例！

82 / 　命運可以改

　　淨空法師在早年的時候身體不好，算命先生說他活不過四十五歲，果然四十五歲那年得了大病。

　　但他不看醫生、不吃藥。

　　他說他學佛後小心謹慎、依教奉行。發願唸經弘法，希望能利益眾生、造福社會。而且覺悟改過，不造業、不造惡，惜福造福。用慈悲心、平等心愛護一切有緣，包括住的寮房有昆蟲蚊蠅都不加以驅趕傷害！這一發心，短命之命變了，相貌也改了。

　　雖屆八旬仍健康無礙。

　　有些人生病時，藥方有需加以動物之體入藥，果真如此，豈非犧牲他人生命而活自己，自私自利，怎能添福添壽。

　　把自己的失敗說是命，那是失敗者的藉口；把自己的成功說是幸運，那是成功者的謙虛之詞。

　　命運，不是什麼神秘的力量，而是自我的生命之樹開出的成果。越努力，越幸運。越不努力，命越不好，命運就是如此！

83 / 讓「素食」成為下一個Windows

比爾蓋茲致力於推廣素食主義多年。他表示地球的未來需要靠人們建立素食、低碳的生活方式來實現。

現在，世界各地出現了越來越多的素食主義者，有些出於道德層面，有些出於對宗教信仰，有些則因為保健身體。

曾經媒体「Today」進行了一場假肉跟真肉的品嚐會。該媒體為參與者們提供了用素食製作的雞肉、牛肉以及真的雞肉、牛肉，人們在品嚐之後無法分辨出真假。

這說明了未來素食完全可以取代肉食，而蓋茲也正在朝這一方向前進。

比爾蓋茲所稱：「讓素食成為下一個 windows」，係指讓素食風行全球，這是我們可以看到的趨勢和大商機。

不論是基於良知或是避免地球持續暖化，素食是我們必須要做的事，把該做的事轉變為商業行為，既合乎天理，也合乎良知，何樂不為呢？

84 / 在別人需要幫助時，提出援手

在美國，有一位小老闆一直想與另一家大企業老闆談合作，可是屢次失敗。這一次，小老闆又從大老闆的辦公樓頹喪走出來。他沉重的走著，突然看到路邊有一顆小樹被風刮倒，他走過去扶起小樹，為了防止再次被風刮倒，還走去車上找來繩子固定小樹。

誰也不會想到，小老闆的舉動被在辦公樓上的大老闆看得一清二楚，這個無意的舉動，打動了大老闆，合作終於談成功了。

在簽訂合同時，大老闆說：「你知道嗎？打動我的不是你扶起小樹，而是為了小樹，你跑很遠拿了一條繩子把它固定好。

在別人需要幫助時，如果一個人能在別人不知情的情況下，毫不考慮自己的利益，這是難能可貴的情操！我沒有理由不與這樣的人合作，這樣的人也沒有理由不獲得成功！」後來，小老闆的事業蒸蒸日上，越做越大！

85 / 是道則進，非道則退

清朝年間，有一位讀書人到省城參加考試。自認文章寫得很好，在省城等著發榜。

有一天，他偶然到一座寺廟。寺院一位相師。讀書人問他前程，相師說：「你的骨相寒薄清苦，就算你有班固、司馬遷那麼好的才學，文章寫得比韓愈、歐陽修的還好，也很難成名。」這位讀書人不相信，發榜後，果然沒有考上。

他又去問相師此生的命運。看相師說：「憑你的骨相，怎麼敢給你說什麼好話呢？不過，與其迫切求取功名，不如花點力氣積陰德。這樣也許可以改變你的命運。」讀書人在回家的路上，自言自語地說：「我的確很貧窮，周濟別人，做好事，怎麼辦得到呢？」這樣翻來覆去地猶豫不決，很多天都拿不定主意。

一天突然想到：「我平時曾到一些學館去教書，看見那些做老師的，常常誤人子弟，罪過很大。我從今天起，用心研究教學的道理，通過這種方式來積德，也差不多吧！」三

年以後，他又去參加考試。他到寺院中去尋找看相的人，那人還在那裡。相師說：「先生精神飽滿，光彩照人，這次考試，考上是毫無疑問的。」發榜時，果然榜上有名。

　　讀書人去廟裡感謝相師，並問道：「為什麼我的命會變呢？」相師說：「你的外形和骨相全部都變換了，用心於教學事業，這不是陰德是什麼呢？以後的福德還大得很呢！」

　　由此可見，德行才是一個人幸福的最終來源，命運的好壞，皆是自作自受。舉頭三尺有神明！心存善念，信心奉行，人雖不見，神已早聞。

　　凡順乎天理合乎人心之事，就應去身體力行；凡逆乎天理違背人心之事，就應該警覺不做，在善與惡、正與邪這些原則性問題面前，做出正義、明智的選擇，才能得到源遠流長的福報。

86 / 相由心生，運隨心轉

為善獲福，作惡招災，命運依人心之善惡，可隨時改變。

天地神明，鑑察分明，如同大數據，絲毫不爽！《太上感應篇》裡面記載關於古人命運前途與考運的一個例子。

清朝年間，有位讀書人丁寔，文思敏捷，很有才氣，性情豪爽，但愛好賭博，常遭到父親的責罵，卻不思悔改，父親一氣之下，把他趕出家門。丁寔流落到京師，通過各種手段，進入太學。

一天，丁寔偶然經過相國寺，有個算命先生驚喜地說：「您的氣色太好了！我在這給很多人看過面相，您的最好。」算命先生問過丁寔的姓名後，就在牆壁上寫道：「今年狀元是丁寔。」

從此丁寔更加傲慢，賭博也變本加厲。他聽說考生中有兩個從四川來的生員，很有錢，就請二人聚賭。丁寔連連取勝，最後贏錢六百萬。

幾天後，丁寔又來相國寺，算命先生一見他就詫異地問：「您的氣色怎麼這麼糟糕？絕對沒有希望考中，更何況中狀

元。」邊說邊急忙將牆上的紙撕下來，嘆息道：「簡直是敗壞我的名聲，這次確實算錯了。」

丁寔急忙詢問原因。算命先生說：「看相講究先看人的額頭，如果顏色黃潤，而且有光澤就是吉相。如今您的額頭又乾又黑，一定是存心不良，得了不義之財，觸怒了天神。」

丁寔心裡很害怕，急忙把實情告訴了他，並不解地問：「我們只是隨便玩玩而已，竟如此嚴重嗎？」算命先生駁斥道：「你不要說是玩耍，凡是有關財物的事情，都有天神監護著，接受了不義之財，自然要減損福報。」

丁寔聽後，悔恨交加，急切地問：「那麼，我把錢還給他們行嗎？」算命先生說：「如果你誠心悔改，天神一定知道。若真能改惡從善，還能得第六名。」

丁寔急忙趕回去，把錢還給原主。並發誓不再賭博。果真，發榜時丁寔居然第六名。以此案例而言，一個人的發心會改變著自己的命運，也會因為自己的改變影響他人的命運！

87 / 人，不會死

東京大學附設醫院急診室醫生矢作直樹所寫的《人，不會死！》這本書。看盡生死，也透過靈媒和亡母直接對話，讓他對生命有深入的感觸。

他告訴我們，生命確實有靈魂的存在，生命會以另外一種方式繼續下去。他又說，我們活在這世界上都有一個共同的目的，就是學會透過不同的形式和場所，盡可能去「行善利他」。

不論你是透過工作，或是當義工，都是在「行善利他」。像他從事醫療工作，是透過最好的醫療技術，協助患者達成他們活在此生的目的。

讓患者平靜接受和面對人生難免一死，也是醫生的重要任務。從事任何工作，是否也要有神聖的認知，應該牢記著「行善利他」，竭盡所能，讓與我們有因緣的人們，都得到保險的保護和扶持！

只要你知道你要去哪裡，上天會為你讓出一條路！沙子

丟在地上看不到，珍珠丟在地上看得見！上半輩子不猶豫，
下半輩子就不會後悔！

　　人生的道路是不停的在修正中，從地球發射火箭到月球，
火箭在軌道航行時只有 3% 是正確的，其它 97% 的時間，都
在做修正。我們很難避免錯誤的發生，但是只要不斷的修正，
再修正，你才可以走到你要去的目標。

88 / 心存善念

　　稻盛和夫的思維是：心存善念，好的事就會來，心存惡念，壞的事就會發生。

　　因此他一定只能想好的事，而且很努力想好的事才行。

　　在稻盛成長過程中，無論是就學、就業，都曾遭遇失敗的經驗，不可思議的是，他從未懷疑過這些理念。每當遇到不好的狀況，就反省自己的思維有問題，才會有此遭遇！

　　奔波於世界各地的稻盛和夫回到飯店，只要想到當天有驕傲或譁眾取寵的行為時，就會一個人在房間裡大喊：「神啊！請原諒我剛才的態度，對不起、請原諒！」

　　透過此種儀式反省自律，視自己為「一輩子的學生」來重新修正，不讓自己陷入悲觀失望。他體認「神明和大自然讓我承受這麼沉重的責任，一定是為了讓我意識到什麼，要提醒我，所以才用壓力來考驗我。」

　　《敬天愛人》運用佛陀的智慧，稻盛和夫「己立而立人、己達而達人」。一步步用精進禪修所體悟出來的經營哲學，

不僅成功經營自己的事業，還幫了不少國內外經營不善的企業重整成功。

在西元 1983 年，在日本中小企業主主動要求下成立了「盛和塾」，教導「什麼是經營？」、「經營者應該如何做？」等問題的解答，成就極為不凡的人生。人為什麼活著？「敬天」，也就是「敬奉天理」，而「作為人，何謂正確」這麼一句話就具體表述了所謂的「天理」。公平、正義、勤奮、謙虛等，就是做人的基本價值觀，也是我們從小就必須懂的「良知」，只要運用「良知」去做判斷與行動，這就是「天理」！

當日本航空面臨破產，稻盛和夫以不支薪的義務身分，接任日航董事長。

78 歲的稻盛和夫曾多次拒絕接下重任，親友也強烈反對，擔心他「晚節不保」。

但稻盛和夫想起年輕時，「為人類、為社會貢獻，是人

類最崇高行為」的人生觀。他看見日航重建的三個「利他」
意義，因而決定接下日航董事長的重擔。

第一，日航是日本經濟的代表性企業之一，日航失敗也
象徵日本經濟持續衰退。日航重建成功，可以帶給日本國民
奮起的勇氣。

第二，日航重建不得不裁掉部分員工。日航重生，才能
保護留任的三萬兩千名員工。

第三，對日本民眾而言，日航破產，日本國內大型航空
公司就只剩一間。少了競爭對手，票價勢必上漲，服務也會
惡化。

這股強大的力量，製造業出身的稻盛和夫，在短短三年
內讓日航轉虧為盈，讓日本媒體跌破眼鏡。

在稻盛和夫眼中，人生就是磨練靈魂、心靈的道場。因
為心懷善念，行善助人，命運就朝向好的方向轉變。經過磨
練的美麗心靈，描繪的願望也可以帶來精采的人生。

89 / 責任是最偉大的力量

1985 年，人們發現，牛津大學有著三百五十年歷史的大禮堂出現了嚴重的安全問題。經檢查，大禮堂的二十橫樑已經風化腐朽，需要立刻更換。

每一根橫樑都是由巨大的橡木製成的，而為了保持大禮堂三百五十年來的歷史風貌，必須只能用橡木更換。在 1985 年那個年代，要找到二十棵巨大的橡樹已經不容易，或者有可能找到，但每一根橡木也許將花費至少二十五萬美元。

這令牛津大學一籌莫展。這時，校園園藝所來報告，三百五十年前，大禮堂的建築師早已考慮到後人會面臨的困境，當年就請園藝工人在學校的土地上種植了一大批橡樹。如今，每一棵橡樹的尺寸都已遠遠超過了橫樑的需要。

這真是一個讓人肅然起敬的消息！一名建築師三百五十年前就有的用心和遠見。

建築師的墓園早已荒蕪，但建築師的職責還沒有結束。如今，這樣一個故事能給我們什麼啟示呢？盡可以去聯想一

系列的詞彙——可持續，資源，長久，環境……但這些都顯得太弱。可能，只有一種力量會持續，那就叫「責任」。

故事本身不重要，伐倒二十棵橡樹，牛津人應該會再補種上二十棵。也許，還會種下更多一些。

高明的父教

　　國學大師錢穆回憶早年的一次父教。

　　一天，其父錢承沛的一位朋友光臨錢府，看到九歲的錢穆，就笑問：「聽說你能背誦《三國演義》，是嗎？」

　　錢穆使勁點頭。

　　「能背一段〈舌戰群儒〉給我聽嗎？」

　　於是，錢穆就一邊背誦一邊表演：扮諸葛亮、扮張昭等人，背完後，客人大加讚賞，錢穆得意非凡。

　　看到兒子非常驕傲，錢承沛當場也沒說什麼。第二天，他故意領兒子路過一橋，問：「認識橋字嗎？」見錢穆點頭，又問：「橋字什麼旁？」待兒子答：「木字旁」，他再問：「把木換成馬字，認識嗎？」聽錢穆說：「是驕字」，他繼續問：「驕字何義，知道嗎？」聽到「知道」二字出聲時，他挽著錢穆手臂輕聲道：「你昨天晚上有接近這個驕字嗎？」此語一出，錢穆頓時如醍醐灌頂。

　　「余聞言如震雷，俯首默不語」，很多年後，錢穆如是回憶道。

　　如果錢承沛當時拿出父親的威嚴批評兒子：「會背幾句《三國演義》，有什麼值得驕傲？你的學識還淺得很啊！」年紀尚小且存驕傲之心的錢穆，會不會滋生牴觸情緒？而這種側面迂迴、點到即止的教育，則因觸及靈魂、心靈，而使對方銘記終生，真可謂高明之極！

　　錢穆能成為人所景仰的國學大師，原因固然有多方面，但早年潤物無聲的父教使他得以擁有良好的行為品質，無疑十分關鍵。

第六章

你頭上有靈光嗎

91 / 瑪丹娜的傳奇

　　2016 年 2 月農曆過年，瑪丹娜在臺北公演，一張門票臺幣三萬元（約千元美金）瞬間秒殺。

　　她年近耳順，在歌壇已有三十多年的歷史，一直受到全球人們的熱情歡迎，她是怎麼做到的？

　　一是她堅持完美，練一條新舞曲，她自己帶著舞團，一天要練習十八個小時以上，練到一點瑕疵都沒有才要放手。三十多年來，她每天至少兩個鐘頭的健身，毫不鬆懈，所以到現在她還保有完美的身材。

　　她還養生保健，她吃的是健康的食物，不讓身體受傷感冒生病。而且一口食物咀嚼五十次以上。她謹慎，光是她的休息室整個物品直接從國外空運來，保證要適應，絕對不能有差錯。

　　一個人的成功不是輕而易舉的，身為社會人，我們是不是也能夠像她一樣。既執著又專注，而且奮鬥不懈！

　　談到瑪丹娜的傳奇，她還曾經說道，她曾經是紫禁城裡
的一個宮女，當她到北京時，進入紫禁城，熟門熟路，令大
家都驚奇不已。

92 / 人際關係

　　七十五年，科學家從成千上萬頁的資訊中得到了什麼？跟財富、名聲、或者努力工作都沒關係。

　　最清晰的答案是：「好的人際關係讓我們開心和健康。」

　　說它瘋狂，因為這是一個跟蹤了 724 個男人，歷時七十五年的研究，經歷了四代科學家團隊。他們想觀察人類，隨著時間流逝，從青少年到老年，是什麼讓他們健康和幸福？

　　從 1938 年開始，哈佛科學家訪談了所有這些年輕人，給他們做身體檢查，到他們家裡做家訪，和父母交談。724 個年輕人長大後，進入各行各業，有的成為工廠工人，有的成為律師、泥水工、醫生，其中一個成了美國總統。有些酗酒，有些精神分裂。有些從社會最底層爬到了最頂層，有些則相反。

　　七十五年，科學家從成千上萬頁的資訊中得到了什麼？跟財富、名聲、或者努力工作都沒關係。最清晰的答案是：「好的人際關係讓我們開心和健康！」

93 / 正能量

　　為什麼人一定要傳播正能量？不論是科學家、宗教人士，還是心靈家，大都承認自然界是有磁場的。

　　一個人，信念變了，德行就變了。德行變了，氣場就變了。氣場變了，磁場就變了。磁場變了，風水就變了。風水變了，運氣就變了。運氣變了，命運就變了。

　　所以，改變命運靠的是自己的正能量。學會調整心態，是人生中最大的價值。善心，善語，善行，必然有善果！

　　人生中最幸運的是：遇到某個人，他驚醒你的思維，改變你的習慣，增添光彩在你的未來，他是你的貴人。一生中最幸福的是：遇到一群人，他們點燃你的激情，覺醒你的自尊，支援你的全部，稱之為團隊。

　　一生中快意的是：你知道你要什麼，你會努力去達成，你樂在其中，你勇於承擔，這是事業。

　　最是慶幸的是：你遇到一件事，它喚醒你的責任，賦予你使命，成就你夢想，你的成就願和大眾分享，這是志業。理念可以受到支持和闡揚，這是生命最大的肯定！

94 / 他才不如你，你命不如他

朱元璋微服私訪，路過一間山神廟，口中焦渴。一老農見狀，主動把熱水壺裡的水給朱元璋喝了。

朱元璋很是高興，讓隨從記下了老農的名字、住處。不久之後，賞了他一個知縣當當。有個秀才聽說了這事，心裡不服氣，在山神廟的牆上題了兩句詩說：「十年寒窗下，不如一杯茶！」

朱元璋後來再一次路過這座山神廟，看到了這兩句題詩，知道是窮秀才冒酸氣了，就拿筆在後面續了兩句：「他才不如你，你命不如他！」

老農的好命從哪裡來？從慈悲心來，從善心來。

當你遇到任何人，能夠結善緣的時候，舉手之勞，開啟方便之門，你自然就會貴人多多了。幫忙別人，就是幫忙自己。成就別人，就是成就自己。

95 / 你頭上有靈光嗎

　　紀曉嵐的母親張太夫人，僱了一位燒飯的張嫗。以下是
這位張嫗所講的事：

　　我的家鄉，有一個窮人外出討乞。他走了半天，在傍晚
時分，感覺迷了路。只得坐在枯樹下，等待天亮以後再走。

　　忽見一個人從樹林裡出來，後面有三四個隨從，一個個
都高大偉岸。討乞人心中害怕，立刻跪下求情。那個人同情
的說：「你莫害怕，我不會拿你。我是專管老虎的虎神。待
一會兒，虎吃了人，你收下那人的衣物，足可維持生活。」

　　虎神講完話，就長嘯一聲，許多老虎便跑來集合聽命。
後來，眾虎散去，只剩下一隻虎伏在草叢裡。一會兒，有個
挑擔子的男人過來，這隻虎一躍而起，正要向他撲去，卻又
立刻轉身迴避。那個挑擔人，趕緊跑掉了。

　　又過了一會兒，走來一個婦女，那隻虎便迅速出來，把
她吃掉了。虎神從那個婦女剩下的衣服中，取出若干金錢，
交給這位討乞人，並對他解釋道：「虎不吃人，只吃禽獸。

它吃的人，是徒具人形而無人性者。」

「大抵人良心尚存，其頭頂上必有靈光。虎見到靈光，不施暴！人若天良全滅，他頭上就會靈光盡失，即與禽獸無異。虎才會得而食之！」

「剛才那個挑擔的男人，雖然兇暴無理，但他還能贍養他的寡嫂和孤姪，使他們母子不受飢寒。就是因此一念之善，靈光雖小如彈丸，虎見到了這點靈光，也迴避不敢吃他。」

「那個婦人，拋棄其丈夫而私嫁。虐待後夫前妻之子，更盜後夫之金。所以她頭上靈光全無，虎便吃了她。」

「剛才我從她衣袋裡拿出來的金錢，就是她偷來的。虎見到了這種徒具人形而無良心的人，不會放過他們。」

「你孝養繼母，能把有限的食物，首先奉養繼母，你頭上靈光有一尺多高。所以我才幫助你。不是你跪拜哀求我的結果。你應繼續勉修善業，將來還有後福。」

虎神講完話後，又指給了他回家的路，回到家中將此奇

遇告訴鄉人，很多聽到這件事的人就變得善良起來。

　　誰是好人，誰是喪盡天良的壞人，常人往往分辨不出；但在另外空間的生命，卻看得清清楚楚。因為前者頭上有靈光，後者頭上靈光全無！

96 / 點燃我們心中將熄滅的火燄

　　諾貝爾和平獎得主史懷哲醫師。

　　被喻為「智仁勇完人」的仁醫史懷哲（1875 － 1965）出生於德國，是牧師之子，接受完整教育之後，他發下宏願：「三十歲以前，我要為研究科學和藝術而活；三十歲以後，我要獻身直接為人群服務。」

　　他在二十九歲時，看到《醫療傳道雜誌》的報導，獲知非洲大陸大多數人處在無知、落後、沒有醫生、藥品之中，自生自滅。他當下辭去神學講師和牧師的工作，以七年的時間讀完醫學課程，然後遠赴法屬赤道非洲懸壺濟世，把一生中後來的五十三年光陰完全奉獻給非洲。

　　擁有哲學、神學、醫學、音樂四個博士學位的史懷哲，原本憑藉其中任何一項才能，都足以在文明的歐洲，逍遙自在地過一輩子；只要他想在這四個領域謀求發展，也都必然會有輝煌的成就。但他毅然拋棄這一切，離鄉背井，進入非洲叢林，心甘情願地為當地的土著服務，一直到八十四高齡，

仍然留在蘭巴倫工作。

史懷哲的行誼成了二十世紀愛心的象徵，1952 年，他榮獲諾貝爾和平獎，可謂實至名歸。史懷哲在《少年回憶錄》寫道：「有時我們心裡的火燄幾乎要熄滅了，所幸由於對他人的某種體驗而得以重新點燃。我們應該感謝並銘記那些對於點燃自己內部火燄的人和事……。」其一言一行，不時地點燃我們心中將熄的火燄！

每個人生命中都要有自己的「蘭巴倫」，這一句話是被稱為「非洲之父」的史懷哲所說的。

每個人生命中都要有自己的「蘭巴倫」。你的「蘭巴倫」在哪裡呢？

97 /　滿滿的正能量

　　2016 年劉德華拍的一個三分多鐘的勵志短片，很棒的自我潛意識暗示法！

　　「從今天開始的每一天，我已經改變成為一個全新的人。我充滿了靈性和愛，我的全身充滿了力量和喜悅，我更加愛自己和周圍的一切了。

　　從今天開始的每一天，我的身體都進入了自我療癒和復原的狀態，我的每一個細胞都充滿了活力，我越來越健康和美好。從今天開始的每一天，我都在接納全部的自己和別人，並解放自己內心的不安和恐懼，我變得越來越平安和幸福。

　　從今天開始的每一天，我和周圍的人們相處和諧，我的脾氣越來越好，我的笑容越來越多。從今天開始的每一天，我的內心充滿安祥和慈悲，我用柔和的語言和周圍人們講話，我的精力充沛、神清氣爽，我越來越愛自己，也越來越愛我的家人。從今天開始的每一天，我會把一切都安排的井然有條，我的家裡充滿了歡聲笑語，我家是一個幸福快樂的家庭，

我們享受著富足的生活，以及快樂的日子。

　　從今天開始的每一天，我都會擁有正念，並且在有好的想法之後，立即行動，毫不拖延。從今天開始的每一天，我遇到的一切困難和障礙，都會自然消退，只要我對他們心懷敬意並且從不抗拒，他們很快就變成我的順緣。

　　從今天開始的每一天，我將沉浸在無限美好的恩澤裡。即使我遇到的任何挫折，我知道他也是愛的表達，他會很快過去。從今天開始的每一天，我恢復了童心，開始對周遭的一切，感到興趣。我喜歡和大自然在一起，聆聽他們的聲音，我的身體已經飄洋過海，心靈已經穿越古今。從今天開始的每一天，我渾身充滿了美好的能量，奇蹟和愛都一直隨著我，我用最美好的溫暖的語言傳遞內心的愛，我用最真誠的祝願，讓周圍的一切都變得閃閃發光！」

還是要做善事

　　1928 年德蕾莎修女隻身到印度，到 1980 年，她的同工超過了 13.9 萬，分佈於全世界。她的同工沒有任何待遇，連證件都沒有，他們不需要這些東西，他們唯一要做的就是犧牲和奉獻。

　　她住的地方只有兩樣電器：電燈和電話。她的全部財產是一尊耶穌像、三套衣服、一雙涼鞋。為了服務最窮的人，她的修士、修女們都要把自己變成窮人，只有如此，被他們服務的窮人才會感到尊嚴。在她看來，給予愛和尊嚴比給予食物和衣服更為重要。

　　德蕾莎的人生信條：

　　你今天做的善事，人們往往明天就會忘記。不管怎樣，你還是要做善事！即使把你最好的東西給了這個世界，也許這些東西永遠都不夠。

　　不管怎樣，把你最好的東西給這個世界。說到底，它是你和上天之間的事，而絕不是你和他人之間的事！

99 / 有心無心

　　王安石二十歲時進京趕考，元宵節時路過一地，一大戶人家懸燈出題招親。聯曰：走馬燈，燈走馬，燈熄馬停步。

　　王安石不會答，卻記在心中。到京後誰知主考官所出之聯竟是：飛虎旗，旗飛虎，旗捲虎藏身。

　　王安石提筆就以招親聯作答，得中進士。衣錦還鄉時發現那聯居然仍未有人會答，王安石便又以考題聯作答，竟又得了個漂亮媳婦。

　　有人會說這是王安石命好運好，所以才有這好事，但天底下沒有這麼簡單的好事，如果他不把這個聯記下來，他怎麼會有這番奇遇。

　　常看到有人聽演講或看到什麼新知，不作筆記，不以為然，就當作過眼雲煙。當要用時已無處可尋，白白浪費大好資源。命好命壞，差別是有心無心！

　　在加拿大一間咖啡店有幾位員工做了一件美麗的事！一名婦人剛失去丈夫，在咖啡店得來速購餐時難掩情緒，數名員工察覺後，伸出溫暖的手握住她、一齊閉上眼睛禱告。

　　婦人透露三十七歲的丈夫前一天過世了，喪夫之痛讓她難以承受，幾名青少年員工聽了婦人的遭遇後，告訴她：「妳願意讓我為妳禱告嗎？」

　　婦人同意後，在場的三名員工都伸出手，擠在得來速小小的窗口緊握婦人的手，為她禱告。在後面排隊的丹納看到了所有的情況，他描述當時情形「員工注意到她快崩潰，便停下手邊所有工作，為她禱告了好幾分鐘，還邀請她，如果需要祈禱、支援時隨時可以回來！」

　　當時給予婦人支持與溫暖的員工，都是二十出頭歲的年輕人，接受媒體訪問時表示，一起祈禱後並送給那位婦人一杯免費咖啡，她流著眼淚道謝。

　　店員對於後來照片在網路上瘋傳感到意外，他們並不是

想要宣傳或當英雄，只是做了一件「每個人都做得到的好事」！

　　有機會關心無助的可憐人，這是「每個人都做得到的好事」。

101 /　　所做之善，回到身邊

　　一個婦人給全家人煎薄餅吃，她總是多煎一個，留給飢餓的路人。

　　她將多餘的薄餅放到窗檯外邊，憑誰路過自取。每天，一個駝背老乞丐都來取走它。但，他不僅不感恩，還會在離開時自言自語底咕噥：「所做之惡，留在身邊，所做之善，回到身邊。」

　　日復一日，婦人有些惱火。「連個謝字都沒有！」她自言自語道。「這老駝背每天哼嘰著這些，他到底是什麼意思？！」

　　終於有一天，她怒火中燒，決心擺脫他。「看來我必須徹底甩掉這個老駝背。」然後她做了一件事，她在薄餅裡下了毒！

　　就在她準備把薄餅放到窗檯上時，她的手開始發抖。「我這是在做什麼？」

　　她立刻將薄餅投到火裡燒掉，重新做了一張，放到窗檯

上。駝背老乞丐如常來到，如常取走了餅，如常哼到：「所做之惡，存留身邊，所做之善，回到身邊。」他這樣做的時候，十分地快活，根本沒有意識到婦人腦海裡翻江倒海的掙扎。

其實，每次婦人將薄餅放在窗檯時，她都會獻上一個祈禱——為她在遠方謀生的兒子。兒子一連幾個月音信全無。她祈禱兒子能平安歸來。

那天晚上，有扣門聲。打開門，她驚奇地發現兒子站在門廊。兒子很瘦，衣服像碎布條似的，他餓壞了，虛弱不堪。

看見母親，他說到：「媽，我能站在這裡是個奇蹟。在離家一英里遠的地方，我餓得昏倒在地。我肯定是要死了。這時，一個駝背老人路過。我求他給我一小塊能吃的東西，哪怕是些碎屑。他好心地給了我一整張薄餅！給我餅時，他說：「這是我每天的食物，今天我把它給你，因為你更需要它。」

聽到這裡，婦人臉色蒼白，她靠在門上，支撐住自己，想到了早上她做的那張下了毒的薄餅。如果她沒有投到火裡燒掉，那麼吃掉毒餅的就是她的兒子，兒子必死無疑。

　　直到這時，她才明白了這些字的含義：「所做之惡，留在身邊，所做之善，回到身邊。」

　　這個故事的含意是：「行善！不要在任何情況下放棄或停止行善，即便這些善行一時間並沒有得到讚賞或悅納！」

　　你如果可以做一些慈善工作，不論效果如何，你每一次的分享，你就已種下一個善緣，不管收穫是不是在你，你的助緣可以促成很多家庭的安全幸福。

102 / 　解塵和尚

　　人間真有前世今生嗎？你若知道當如何？

　　李昌鈺說：「我前世是解塵和尚！」

　　從事鑑識工作多年，有「現代福爾摩斯」之稱的國際鑑識專家李昌鈺，在名人成功之鑰講座開講，講題為「從因果談人生」。

　　事母至孝的他指出，母親一生吃素拜佛，是非常虔誠的佛教徒。

　　李昌鈺家中的兄弟姐妹共十三人，兄弟的小名都有「寶」字，姐妹的小名都有「珠」字，惟獨他的小名叫「塵」字。母親告訴他；他前世是解塵和尚。在頻繁追問原因下，多年後母親終於告訴他。

　　母親說，他剛出生時，經常沒來由的哭，醫生束手無策。有天一位法師到他家，並問家中是否剛得一子，一天到晚哭。

　　他的雙親覺得，這位法師有些來歷，就把他抱了出來。這位法師一見到繈褓中的李昌鈺，便跪下叫「師父」。同時

告訴他父母，說他以前的法名，叫「解塵」。因不願再來人間，所以一直哭，名字改作「解塵」就好了；果然改名字後，就不哭了。

李昌鈺笑稱，以此因緣，他還曾到江蘇南通的狼山作尋根之旅。

他認為自己此生，是來為人服務的。李昌鈺表示，他到過四十六個國家，破了八千餘宗案件，走過許多人生路。

他認為，修行靠自己，絕非單靠拜佛唸經就能解脫。尤其他的工作，更須本著佛教的精神，不要讓無辜的人蒙冤。

最後李昌鈺以建立適合自己的品牌，實現自我人生夢想；有了夢想和目標，生活態度就會積極進取，動力就會源源不絕來鼓勵聽眾。

真的有前世今生嗎？

美國著名科學家、心理醫生布萊恩‧魏斯曾在 1988 年冒著聲名狼藉的危險出版《前世今生》一書，記錄從被催眠

的病患中得知真有輪迴的案例。在中國，《了凡四訓》和眾多勸善書籍也大量記載輪迴之事。

　　但你若能知道前世之因，當時未了之任，那你就應該今生積極任事，勇把因果作個了結！

　　所謂因果，在乎的是你能不能積善因創善果，而不是追求前世之因，圖享遺留之果。

103 / 就連一隻小狗都有他的目標

有一對夫婦有兩個孩子，當孩子還小的時候，父母決定為他們養一隻小狗。小狗抱回來以後，他們請一位朋友幫忙訓練這隻小狗。

在第一次訓練前，馴狗師問：小狗的目標是什麼？

夫妻倆面面相覷，很是意外，他們實在想不出狗還有什麼另外的目標：一隻小狗的目標？那當然就是當一隻狗了。

馴狗師極為嚴肅地搖了搖頭說：每隻小狗都得有一個目標。

夫婦倆商量之後，為小狗確立了一個目標「白天和孩子們一道玩，夜裡要能看家。」

後來，小狗被成功地訓練成了孩子的好朋友和家中守護神。

這對夫婦就是美國的前任副總統柯爾和他的妻子迪帕。

他們牢牢地記住了這句話：「如果連做一隻狗都要有目標，做一個人當然更要有目標。」你的人生目標又是什麼呢？

104 / 人面瘡

唐朝的知玄禪師有一次外出雲遊參學，半路遇到一位同道。這位同道的身上長了瘡，並且發出惡臭，沒有人敢和他往來。

知玄禪師心生憐憫，便主動給予照料，直到他身體康復為止。同道心中非常感謝，就對禪師說：「將來如果你有什麼苦難，可以到四川彭州九隴山來找我。只要看到二棵大松樹並連在一起，就是我居住的地方了。」

其實，這位同道是個阿羅漢，名叫迦諾迦尊者。

後來，知玄禪師因為道高德重，受到唐懿宗的恭敬，禮拜為師，並且敕封為「悟達國師」，坐上了皇帝賜予的檀香寶座。悟達國師可說備受禮遇，不知不覺就生起了虛榮心。

不久，他發現膝上害了人面瘡。國師深知這必定是因為自己的得失心，而招感業障現前。他想起過去那位同道臨別的叮嚀，於是忍著痛苦，來到四川彭州九隴山。

在同道的招呼下，悟達國師先是住了一宿。隔天，在一

位童子帶領下，來到一處泉水邊。身上發熱、痛苦難耐的國師，掬起水來就要清洗人面瘡，但是瞬間，人面瘡竟然開口說話了，他說：「悟達國師，暫且不要清洗！我要告訴你，你我在西漢時代結下了冤仇。那時候你是袁盎，我是晁錯，因被你誣陷，招來殺身之禍，很久以來想要報仇雪恨。但由於十世以來，你都是一名高僧，所以我始終沒有辦法靠近你。

到了這一世，因為你受到皇帝的恩寵，起了虛榮心，於福德有損，我才得以乘虛而入。今日承蒙迦諾迦尊者出面為你我解除冤業，賜給我三昧法水，令我得到清涼解脫，我們之間的宿怨，從此就一筆勾銷了。」

這時候，悟達國師連忙以清水洗淨人面瘡，只是，其痛真是痛徹肝腸，立刻就讓他昏厥了過去。奇妙的是，等到他甦醒過來，人面瘡也消失了。

由此因緣，後來悟達國師作了《慈悲三昧水懺》，敘說懺悔認錯可以消災免難。

105 / 為人撐傘，人人為你撐傘

胡雪巖是家喻戶曉的清朝紅頂商人。他「肯給予別人幫助」的精神最令人尊敬。

一名商人在生意中慘敗，需要大筆資金周轉。為了救急，主動上門，開出低價想讓胡雪巖收購產業。胡雪巖立刻急調了大量現銀，但卻用正常的市場價收購對方的產業。那個商人驚喜而又疑惑，不解胡雪巖為何到手的便宜不佔。

胡雪巖笑著說，請您放心，我只是代為保管你的抵押資產，等你挺過這個難關後，隨時都可以來贖回屬於你的東西。

商人萬分感激，簽完協議之後，對胡雪巖表示自己的敬意後含淚離開了。胡雪巖的手下們紛紛不解。大家問胡雪巖，為啥送上門的肥肉都不吃，不但不趁對方急需錢叫低價格，還對給對方銀子。

胡雪巖喝了口茶，講訴了一段年輕時的遭遇：「在我年輕的時候，我只是店裡的小夥計，經常幫著東家四處催債。一次，正趕往另一戶債主家中的我遇上了大雨，路邊的一位

陌生人也被雨淋濕。正好那天我隨身帶了傘，便幫人家打傘。後來，每到下雨時，我便常常幫一些陌生人打傘。時間一長，那條路上認識我的人也就多了。有時，我自己忘了帶傘也不怕，因為會有很多我幫過的人也來為我打傘。」

胡雪巖笑了笑：「你肯為別人付出，別人才願為你付出。剛才那位商人的產業，可能是幾輩先人慢慢積攢下來的，我要是佔了他便宜，人家可能一輩子都翻不了身了。這不是投資，而是救人，到頭來交了朋友，還對得起自己的良心。誰都有困難的時候，能幫點就幫點吧。」

眾人聽後，都沉默不語。後來，商人前來贖回了自己的產業，胡雪巖因此也多了一位忠實的合作夥伴。在那之後，人人都知道了胡雪巖的義舉，官府百姓都對胡雪巖尊敬不已。

不在別人遇到苦難時袖手旁觀，無動於衷；不在別人落難時不聞不問，落井下石。肯為別人打傘，才是一生最大的財富。經營事業，並不完全是充滿競爭和掠奪。經商有商道，商道酬信，信用就是互助、關心、體貼和扶持。

106 / 原諒別人，便是放過自己

一對母女在上海的一家餐館裡用餐，負責上菜的那位年輕女孩，她捧上蒸魚時，盤子傾斜。魚汁魯莽地直淋而下，潑灑在母親擱於椅子的皮包上。

母親跳了起來，眼看就要變天。但女兒旋風般的站了起來，快步走到女孩身旁，露出了溫柔的笑臉，拍了拍她的肩膀，說：「不礙事，沒關係！」

女孩手足無措地看著皮包，囁嚅地說：「我，我去拿布來抹……」

萬萬想不到，這女兒居然說道：「沒事，回家洗洗就乾淨了，你去做事吧，真的，沒關係的，不必放在心上。」

晚上回家之後，女兒向母親說道。

倫敦求學三年，在英國試試兼職打工的滋味。在家裡十指不沾水，來到人生地不熟的英國，卻選擇當女侍來體驗生活。

第一天上工，便闖禍了。

她被分配到廚房去清洗酒杯，那些透亮細緻的高腳玻璃

杯，一個個薄如蟬翼，女兒戰戰兢兢，好不容易將那一大堆好似一輩子也洗不完的酒杯洗乾淨了，正鬆了一口氣時，身子一歪，一個踉蹌，撞倒了杯子，杯子應聲倒地，「哐啷、哐啷」連續不斷的一串串清脆響聲過後，酒杯全化成了地上閃閃爍爍的玻璃碎片。

　　那一刻，女兒有如墮入地獄。

　　可是，領班卻是不慌不忙地走了過來，摟住了她。說：「親愛的，你沒事吧？」接著，又轉過頭去吩咐其他員工：「趕快把碎片打掃乾淨吧！」連一字半句責備的話都沒有！

　　又有一次，女兒在倒酒時，不小心把鮮紅如血的葡萄酒倒在顧客乳白色的衣裙上。

　　原以為顧客會大發雷霆，沒想到她反而倒過來安慰女兒，說：「沒關係，酒漬嘛，不難洗！」說著，站起來，輕輕拍拍女兒的肩膀，便靜悄悄地走進了洗手間，不張揚，更不叫囂，把眼前這隻驚弓之鳥安撫成梁上的小燕子。

240

　　女兒對母親說：「媽！既然別人能原諒我的過失，您就把其他犯錯的人當成是您的女兒，原諒她們吧！」原來，原諒別人便是放過自己。

　　諾貝爾在讀小學的時候，成績一直名列班上的第二名，第一名總是由一個名為柏濟的同學獲得。

　　有一次，柏濟意外地生了一場大病，無法上學請了長假。

　　有人為諾貝爾感到高興說：「柏濟生病了，以後的第一名就非你莫屬了！」

　　諾貝爾並不因此而沾沾自喜，反而將其在校所學，做成完整的筆記，寄給因病無法上學的柏濟。到了學期末了，柏濟的成績還是維持第一名，諾貝爾則依舊名列第二名。

　　諾貝爾長大之後，成為一個卓越的化學家，最後更發明了火藥而成為鉅富。但因為炸彈導致人類戰爭而死傷更擴大，為彌補心中的虧欠，他將所有的財產全部捐出，設立了知名的諾貝爾獎。基金會用這個基金的孳息，獎勵在國際上對於物理、化學、生理、醫學、文學、經濟及致力於人類和平有所貢獻的人。

　　諾貝爾的開闊心胸與樂於分享的偉大情操，他留下了後

人對他的永遠懷念與追思。

在歷史上，大家都認識考第二名的諾貝爾，但沒人知道考試第一名的柏濟！

諾貝爾的成功，絕非只靠他的聰明才智而已，是他的心胸氣度與分享的態度。所謂：「格局決定結局、態度決定高度」。

靜思法語裡寫到：「人若沒有高度，看到的全是問題，人若沒有格局，看到的全是雞毛蒜皮。」

108 / 西雅圖市名的由來

　　1850 年間，印地安人是美國的原住民，當時他們對抗歐洲白人的入侵戰役失敗，美國政府講好聽的是向印地安人購買土地，事實是驅趕他們到印地安集中區。

　　當時印地安酋長西雅圖知道事已不可為，抵抗徒增加族人傷亡，勸族人離開，並以母語向侵略者回應，傳達出印地安人對大地自然溫厚的愛，希望侵略者惜愛這片土地，此文令人動容。

　　西雅圖來到談判桌前，面對簽署華盛頓特區政府協議購買印地安人土地的文件。他站起身，對著在場所有人說出這段不朽的警示宣言：

　　「你們怎能買賣天空？你們怎能擁有雨和風？每一根松針，每一片沙灘海岸，在我們族人的記憶裡都聖潔無比。我感受樹幹裡流動的樹液，如同體內血管流動的血液。我們是大自然的一部分，大自然也在我們的生命裡。河流是我們的兄弟，解除我們的乾渴，載送我們的獨木舟，又餵飽我們的

孩子。空氣支持所有生命，並賦予他們靈魂，你要保持土地和空氣永不受汙染，任誰都能品嚐隨風飄散的花香。

當所有印地安人隨著自然野地一起消失無蹤，這裡還會有海岸和森林嗎？這裡還會有族人的靈魂嗎？我們相信：大地不是我們的財產，我們都是大地的子民。大地是我們的母親，發生在大地上的一切也將發生於大地的兒女身上。所有的野牛都被屠殺時，怎麼辦？所有野馬都被馴服時，怎麼辦？森林各個神聖的角落充滿人的氣味時，會怎麼樣？

豐碩美好的山林充斥著許多電纜時，灌木叢消失了，老鷹消失了，奔馳的野馬和自然的狩獵都不存在時，我們不再有真正的生命，只能生存而已。

我們相信所有的生命互相關連，就像我們流著共同的血液，我們只是生命之網的其中一條線，我們對大自然所做的一切，最後都會回到自己身上。我們熱愛土地，如同嬰兒愛母親的心跳。如果我們把土地賣給你們，請像我們一樣好好

照顧它。為你們的子孫保守這土地、空氣和河流，請像我們一樣好好愛它。」

　　宣言內容帶給人們的啟發：如果人類過度建造和佔有，最後將失去一切。透過文字，原住民對自然崇敬的心跨越時空感染人們，養育萬物的大自然是如此神聖偉大，人類無任何資格買賣天空、土地和自然環境所有一切資源！

　　後來這片土地以「西雅圖」為名，讓他的呼籲永傳於世。

國家圖書館出版品預行編目

善生有幸：改變人生的108道力量 / 陳亦純作.
-- 新北市：玄奘印刷文化有限公司, 2022.06
面； 公分

ISBN 978-626-7142-04-2(平裝)

1.CST: 修身

192.1　　　　　　　　　　111008464

至善妙果系列／C1-02017・平裝25開

善生有幸 改變人生的108道力量

作　　者 / 陳亦純

出 版 者 / 玄奘印刷文化有限公司
地　　址 / 24892新北市新莊區
　　　　　　五權一路1號4樓之1
電　　話 / +886-2-22988865
網　　址 / www.nicebook.com.tw
郵政劃撥 / 5003-2220
戶　　名 / 玄奘印刷文化有限公司
銀行帳號 / 007-10-002188-1
　　　　　　（聯邦銀行803三重分行）
定　　價 / 新台幣280元
出版日期 / 西元2024年
ISBN: 978-626-7142-04-2

如果您在看完此書後，

在書中得到成長與前進的力量，

歡迎請購、分享給您身邊的親朋好友，

讓大眾一起感受心靈的豐盈。